Leckeres aus dem Eintopfofen

1. Auflage Juni 2019
2. Auflage Dezember 2021
3. Auflage Dezember 2024

Die in diesem Buch bereitgestellten Informationen, Angaben, Anregungen und Ratschläge wurden vom Verfasser, Verlag und der Redaktion nach bestem Wissen erstellt und mit größtmöglicher Sorgfalt geprüft. Sie bieten jedoch keinen Ersatz für kompetente und sachkundige, gesundheitsbezogene oder medizinische Beratung. Jede Leserin und jeder Leser sollte für eigene Entscheidungen in Bezug auf Anregungen dieses Buches zu jeder Zeit selbst verantwortlich sein. Daher erfolgen Angaben in diesem Buch ohne jegliche Gewährleistung seitens Verfasser, Redaktion, Verlag und Handel, die in keinem Fall für mögliche Nachteile oder Schäden bezüglich gegebener Hinweise, Informationen oder Ratschläge haften.

Umschlaggestaltung: Franziska Scherer
Satz und Layout: opus verum, München
Lektorat: Swantje Christow

Bildnachweis
shutterstock: Volodya Senkiv (8/9), Popova Tetiana (11), Robyn Mackenzie (16), Dionisvera (18, 20), Simone Voigt (19), Hortimages (19 unten, 25 oben, 26 oben), Scisetti Alfio (20 oben), Jiang Hongyan (21 oben), spline x (22 oben), AmyLv (22, 23), Volosina (23 oben), Valentyn Volkov (24 oben), Tobik (24 unten), Muellek Josef (25), Kitsananan (26), showcake (26 unten), MaraZe (27 oben), Elovich (27), orinocoArt (28 oben), Moving Moment (28 unten), Rustam Bikulov (29 oben), Moving Moments (29 unten), Seregam (30 oben), Tim Ur (30), Valentina Razumova (31), Yeti studio (31 unten), magnetix (125)
AdobeStock: ExQuisine (20 unten), Zerbor (21 unten), womue (23 unten)

Alle übrigen Fotos stammen vom Medienservice ProGenuss® 84529 Tittmoning www.pro-genuss.de, Fotografie: Thomas Plettenberg, Foodstyling/Styling: ProGenuss-Versuchsküche Walter A. Drössler, Location: ProGenuss-Outdoorbereich mit Kräutergarten

ISBN: 978-3-86445-670-1

Gerne senden wir Ihnen unser Verlagsverzeichnis
Kopp Verlag
Bertha-Benz-Str. 10
D-72108 Rottenburg
E-Mail: info@kopp-verlag.de
Tel.: (0 74 72) 98 06-10
Fax: (0 74 72) 98 06-11

Unser Buchprogramm finden Sie auch im Internet unter:
www.kopp-verlag.de

Walter Drössler
Leckeres aus dem
Eintopfofen
Die besten
Rezepte für
Gulaschkanone,
Kessel & Co.
KOPP VERLAG

Walter A. Drössler ist ausgebildeter Koch und Prüfungsmeister für die IHK München und Oberbayern für gastgewerbliche Berufe. Seine langjährigen Erfahrungen sowohl in der Gastronomie als auch in seiner Redaktions- und Autorentätigkeit im Bereich der Gesundheits- und Ernährungsthemen für Hörfunk, TV-Sender und Printmedien sind in diesem Buch wiedergegeben. Besonders wichtig ist für ihn das Kochen und Backen mit naturbelassenen, unverfälschten Zutaten. Walter A. Drössler ist selbstständig mit seiner Firma Medienservice ProGenuss® mit Sitz in Kay bei Tittmoning in Oberbayern.

Inhalt

Outdoor Cooking

Draußen schmeckt's am besten. Und das ganz zu Recht, denn an der frischen Luft unter freiem Himmel wird die Mahlzeit zu einem Erlebnis und einer bleibenden Erinnerung. Essen aus der Gulaschkanone, in gemütlicher Runde genossen, liegt im Trend. Outdoor Cooking für einen schönen Abend im Freundeskreis oder für die Familie, egal zu welcher Jahreszeit, ist ein ursprüngliches kleines Abenteuer und ein unvergessliches Erlebnis.

Ja, ein Hauch von Abenteuer ist beim Kochen mit der Gulaschkanone oder auch mit einem Kessel über offenem Feuer immer dabei: Sie verzichten auf die Vorteile einer modernen Küche mit ihren vielen Gerätschaften, kochen mit einfachen Mitteln, und natürlich darf gelegentlich improvisiert werden. All das erfordert erst einmal ein wenig Mut, macht dann aber schnell eine Menge Spaß. Es ist eine ganz neue Herausforderung für die eigenen Kochkünste, auf kleinem Raum und mit überschaubarer Ausstattung leckere Gerichte für eine ganze Runde zuzubereiten. Dabei entstehen innovative Kreationen und viel Zusammengehörigkeit: Gemeinsam zusammensitzen und beobachten, wie es in der Gulaschkanone köchelt oder gart, während der Duft des Essens allen das Wasser im Munde zusammenlaufen lässt. Outdoor

Cooking mit der Gulaschkanone schweißt zusammen, bringt Sie nah an die Natur und macht dabei auch noch jede Menge Spaß.

Deshalb sollten Sie unbedingt auch einmal Freunde, Bekannte oder Nachbarn zu diesem geselligen Ereignis einladen. Natürlich können sich die Gäste gern beteiligen, indem jeder etwas mitbringt, um zur Verpflegung und zum gemeinsamen Kocherlebnis beizutragen. Erstaunlicherweise kann man im Eintopfofen sehr leckere Gerichte einfach und schnell zubereiten. Das Essen kocht sich sozusagen von allein, und wenn man erst mal ein paar Zubereitungskniffe heraus hat, ist es ein echter Spaß, die Mahlzeit in der Gulaschkanone oder im Kessel geschmackvoll zuzubereiten.

Outdoor Cooking mit Kindern

Gerade für Kinder ist das Kochen im Freien ein besonderes Erlebnis, bei dem sie viel erleben, mithelfen und sich nebenbei einiges Wissen über das Kochen aneignen können.

Es ist sehr gut, wenn Kinder schon früh bei der Zubereitung der Speisen helfen und etwas über Lebensmittel lernen: So wissen sie später umso besser, was zu einem guten Essen gehört, welche Lebensmittel gesund sind und was sich mit ihnen anfangen lässt.

Beim Kochen mit dem Eintopfofen sind Kinder mit Begeisterung dabei, rühren mit Hingabe im Kessel und beobachten ganz genau, wie alles funktioniert.

Um eine perfekte Stimmung zu schaffen, sollte das Kocherlebnis gut inszeniert werden. Ein Feuer in der Feuerschale oder in einer gesicherten Feuerstelle zaubert dazu eine wunderbare Atmosphäre.

Hierbei bietet es sich an, als Beigabe zum Gericht aus dem Kessel Stockbrot über dem offenen Feuer zu backen. Dazu nehmen Sie 1 Kilo Mehl, 2 Päckchen Trockenhefe, 1 Teelöffel Salz und einen ½ Liter Wasser. Den Teig gut kneten und 2–3 Stunden aufgehen lassen. Dann in einzelne Teigschlangen rollen, um einen Stock wickeln und vorsichtig über dem offenen Feuer backen lassen. Das Ergebnis ist ein unvergleichlicher Genuss, Kinder lieben es!

Die Grundausstattung

Mit dem Eintopfofen haben Sie die perfekte Ausrüstung für das Kochen in einem Kessel. Der Topf ist sicher im Ofen verankert, das Feuer erhält genügend Luftzug über den Kamin und beim Kochen wird man nicht von lästigem Rauch behelligt.

Nimmt man den Topf aus dem Ofen, lässt sich bequem ein Grillgitter einfügen, und so wird der Eintopfofen zum komfortablen Gartengrill. Auf dem Grillgitter lassen sich natürlich mit einer Eisenpfanne weitere Gerichte zubereiten. Der Eintopfofen taugt zur perfekten Outdoorküche und wird zum Mittelpunkt jeder Gartenparty. Eine einmalige Anschaffung, die lange ihren Wert behält und viel Freude macht.

Für Puristen, die direkt über dem offenen Feuer mit einem Topf die Rezepte kochen wollen, ist die Grundausrüstung und die Vorbereitung etwas komplizierter: Sie benötigen ein etwa 10–15 Liter fassendes Kochgefäß mit einem umlegbaren stabilen Metallbügel und ein Dreibein oder ein Teleskopgestell aus Metall, um es über dem Feuer aufzuhängen. Ein Topf oder eine Eisenpfanne können auch mit einem Grillgitter über das Feuer gestellt werden.

Gut geeignet für alle Gerichte sind Kessel, Töpfe oder Pfannen aus Gusseisen: Die Hitze verteilt sich darin gleichmäßig und die Gefäße sind leicht zu reinigen. Nützliches Küchenwerkzeug sind außerdem eine Schüssel, zwei Schneidebretter, zwei bis drei gute Schneidmesser, je nach Rezept Kochlöffel, Schöpflöffel, Grillzange oder Schneebesen, jeweils mit möglichst langem Stiel, Grillzange, Flaschenöffner und Korkenzieher sowie eine Thermoskanne.

Einen durchaus sinnvollen Luxus bietet eine Kühlbox mit Kühlelementen: So haben Sie die Lebensmittel gekühlt in unmittelbarer Nähe des Eintopfofens oder der Outdoor-Kochstelle. Weitere benötigte Utensilien und Vorbereitungsschritte sind:

- Feuerstelle im Garten (falls nicht vorhanden: Schaufel zum Ausheben der Feuergrube oder eine Feuerschale)
- Brennholz/Holzkohle/Holzkohlebriketts
- lange Streichhölzer (evtl. auch mit Grillanzündern)
- Blasebalg, um das Feuer leichter zu entfachen

- großer Kochlöffel, Schöpflöffel, großer Schneebesen, Grillzange (alles mit möglichst langem Stiel)
- Topflappen oder Grillhandschuh
- Teller, Becher oder Gläser, Besteck
- Küchenpapier, Spülmittel, Spültücher, Geschirrtücher
- vorbereitete Zutaten für Ihr Wunschgericht
- passende Getränke, Wasser
- Appetit und reichlich gute Laune

Das Feuer

Die erste Frage beim Outdoor Cooking ist entscheidend für die weitere Vorbereitung: Es geht darum, wo Sie kochen wollen. Mit dem Eintopfofen ist das eine einfache Sache. Da das Feuer in diesem geschützt ist, eignet sich fast jeder Platz: die Terrasse oder der Garten, wichtig ist, dass der Rauch abziehen kann. Der Ofen ist auch transportabel und kann beim Nachbarschaftsfest, in der Grillzone am See, beim Straßenfest, bei der Einweihungsparty oder im Sportverein aufgestellt werden. Wegen Feuerschutz sind keine größeren Vorkehrungen zu treffen.

Problematischer ist das Kochen mit dem Kessel über offenem Feuer, denn Sie brauchen dann eine sichere Feuerstelle. Wenn Sie selbst eine Feuerstelle oder einen Feuerkorb haben, können Sie bei sich daheim im Garten kochen. Darüber hinaus gibt es an manchen öffentlichen

Mit einem Gitterrost
statt dem Kesseleinsatz
wird aus dem Eintopfofen
ein perfekter Grill.

Plätzen Grill- oder Feuerstellen, die Sie benutzen können. Vielfach gibt es eine Feuerschutzverordnung, die eingehalten werden muss. Um das Kochen im Freien erst einmal auszuprobieren, ist ein Feuerkorb im eigenen Garten die praktischste Lösung.

Bitte stellen Sie immer sicher, dass an der ausgewählten Stelle das Feuermachen erlaubt ist und der umliegende Untergrund nicht zu trocken ist – es darf auf keinen Fall Brandgefahr bestehen, etwa durch Funkenflug! Stellen Sie einen großen Eimer mit Wasser zum schnellen Löschen neben das Feuer.

Beobachten Sie immer das Feuer: Wenn es langsam zu klein wird und nicht mehr genügend Hitze erzeugt, legen Sie etwas Holz nach. Sollte es zu groß werden, schieben Sie die Holzscheite mit einem Stock etwas auseinander – meistens wird das Feuer dann kleiner.

Die erste Herausforderung beim Kochen über einer offenen Flamme ist das Anfeuern. Kleine dünne Zweige, Holzspäne oder einzelne trockene Zapfen werden zu einer kleinen Pyramide geschichtet, mit einer Öffnung an einer Seite. In diese kommt der Anzünder oder eine kleine Menge sehr trockenes Laub oder Gras.

Zünden Sie den Anzünder vorsichtig mit langen Streichhölzern, Feuerpistole oder Gasanzünder-Feuerzeug an. Wenn das erste Material brennt, geben Sie nach und nach dickere Holzstücke auf das Feuer. Achten Sie darauf, dass das Feuer nicht zu groß wird – wichtig ist, dass Sie es immer unter Kontrolle haben. Lassen Sie das Feuer gegen Ende des Abends herunterbrennen und stoppen Sie rechtzeitig neues

Offenes Feuer? Bitte mit Bedacht!

Kochen über offenem Feuer ist nur eingeschränkt möglich. Leider dürfen Sie in den meisten europäischen Ländern nicht einfach Holz und Feuerzeug zücken, sondern müssen sich an ein paar Regeln halten:

- ☐ Sie können auf Ihrem Privatgrundstück eine Feuerstelle anlegen, solange umstehende Häuser und Bäume dadurch nicht feuergefährdet sind.
- ☐ Sie haben außerdem die Möglichkeit, auf öffentlichen Grundstücken ein Feuer zu entfachen, allerdings benötigen Sie dafür eine Genehmigung. Zusätzlich müssen Sie dafür sorgen, dass der Boden wieder in den Naturzustand zurückgeführt wird, nachdem alle Outdoor-Genießer satt und glücklich sind.

Holz nachzulegen. Wichtig ist dann, die restliche Glut immer gut zu löschen. Sie können das mit einem Eimer Wasser erledigen oder Sie können die Glut auch mit reichlich Sand oder Erde bedecken und so ersticken.

Wichtige Information: Vergewissern Sie sich auf jeden Fall, dass das Feuer und die Glut komplett gelöscht sind, bevor Sie die Feuerstelle verlassen.

Frische Zutaten

Der Genuss beim Kochen im Freien ist garantiert, wenn Zutaten aus der Region, am besten vom Bauernhof, mit selbst gesammelten Kräutern und Pilzen kombiniert werden. Machen Sie sich mit den heimischen Pflanzen gut vertraut, bevor Sie selbst gesammelte Kräuter oder Pilze in den Kessel werfen – nur so können Sie sicher sein, dass Sie nicht unversehens zum falschen Kraut greifen, mit mehr oder weniger ungenießbarer Wirkung. Ideal ist, wenn Sie sich von echten Kräuterexperten schulen lassen, bevor Sie sich in die Wildnis aufmachen. Zum Beispiel bieten Kräuterpädagogen, die über eine qualifizierte Ausbildung verfügen, informative Schulungen und erlebnisreiche Kräuterwanderungen an, bei denen Sie geeignete Kräuter fürs Outdoor Cooking erkennen und kennenlernen können.

Wildkräuter geben dem Essen ein besonderes Aroma, zudem stecken sie voller Mineralstoffe und Vitamine. Wer sich gut auskennt, kann Wildkräuter als frische Nährstoffbomben für viele Kesselgerichte verwenden. Besonders gut passen sie zu Suppen, sie machen sich gut im Rührei und können frisch geschnitten über praktisch jedes Gericht gestreut werden.

Die Zutaten der Kesselrezepte sind für sechs Personen kalkuliert. Wer gerne in großer Gesellschaft isst, kann die Menge einfach auf

zwölf Personen verdoppeln, damit die ganze Runde am Lagerfeuer satt wird. Die Gerichte aus der Gulaschkanone sind an sich schon sehr sättigend, sodass kaum Beilagen notwendig sind. Die ein oder andere Scheibe knuspriges Brot, frische Brötchen oder Brezeln machen aber aus vielen Gerichten einen noch größeren Genuss.

Lagerfeuerromantik und kulinarische Genüsse: So hat jeder Abend das Potenzial, einen traumhaften Tag wunderbar ausklingen zu lassen.

Das Erfolgsgeheimnis einer abwechslungsreichen, zeitgemäßen Küche liegt beim richtigen Umgang mit Kräutern. Denn den Wert der Speisen bestimmen nicht allein die Nährstoffe: Auch der Wohlgeschmack der Speisen, ihr angenehmer Duft und ihr appetitliches Aussehen tragen ihren – wie ich meine – wesentlichen Teil dazu bei.

Das Zusammenspiel dieser Einflüsse ist eine entscheidende Voraussetzung für die Bekömmlichkeit der Speisen. Auch beim Outdoor Cooking ist ein wesentliches Element der Kochkunst, die Lebensmittel so zuzubereiten, dass der größte Teil ihrer Inhaltsstoffe erhalten bleibt und zugleich ihr Eigengeschmack noch verbessert wird.

In ihrer Gesamtheit verbessern die Inhaltsstoffe von frischen oder getrockneten Kräutern Geschmack und Aussehen von Speisen, wirken appetitanregend und verdauungsfördernd. Darüber hinaus tragen frische Küchenkräuter zur Vitamin- und Mineralstoffversorgung des Körpers bei.

Frische Kräuter und Wildkräuter haben geschnitten im Bund oder als Topfware mittlerweile das ganze Jahr Saison. Geschnittene

Ware sollte man am Ort des Verkaufs durch Besprühen frisch halten. Werden die Kräuter im Haushalt nicht sofort verbraucht, kann man sie in ein Gefäß mit Wasser stellen, das täglich erneuert wird und sie somit kurzfristig frisch hält. Es dürfen aber nur die Stiele im Wasser stehen, weil nasse Blätter rasch faulen. Wer Kräuter länger aufbewahren möchte, kann sie gewaschen und gut abgetropft in einem Frischhaltebeutel im Kühlschrank lagern oder einfrieren.

Am intensivsten schmecken Kräuter, wenn sie kurz vor der Verwendung geerntet werden. Im eigenen Garten, auf dem Balkon oder am Küchenfenster können Sie Kräuter ohne Weiteres selber ziehen. Viele Kräuter gedeihen eigentlich überall und verlangen keine große Pflege. Doch auch getrocknete oder tiefgefrorene Kräuter erfüllen ihren Zweck und finden ihren vielfältigen Einsatz beim Kochen.

Basilikum

Zum Würzen dienen Blätter und Triebspitzen, die erst kurz vor Gebrauch von den Stielen gezupft werden sollten – sonst verlieren sie rasch an Aroma. Sie besitzen ein kräftiges, frisches Bouquet, dessen ausgeprägtes Aroma von einer leichten Bitternote und einem Hauch Schärfe begleitet wird. Basilikum passt gut zu Suppen, Fleischgerichten und zu Gemüsen aus dem Mittelmeerraum, wie zum Beispiel Auberginen, Paprika und vor allem Tomaten in allen Variationen.

Bärlauch

Schon seit jeher wurde Bärlauch als Heilpflanze und als Gemüse verwendet. Als Heilpflanze wird er bei Atemwegs- und Verdauungsstörungen eingesetzt. Die grünen Blätter können von März bis zur Blüte geerntet werden (blühenden Bärlauch nicht mehr pflücken). Vorsicht: Die Blätter sehen dem giftigen Maiglöckchen sehr ähnlich, gehen Sie nicht unkundig wild sammeln.

Bohnenkraut

Genutzt werden meist nur die Blätter, allenfalls noch die jungen Stängel. Ihr Geschmack ist pfefferartig und leicht beißend. Bohnenkraut wird auch als Pfefferersatz für Magenkranke empfohlen, erinnert etwas an Thymian, ist aber vielleicht eine Spur bitterer. Es ist ein traditionelles Gewürzkraut für Speisen mit Hülsenfrüchten und Schoten, die dadurch leichter verdaulich werden.

Brennnessel

Brennnesseln werden wie Bärlauch als Heilmittel bei verschiedenen Krankheiten und als Lebensmittel für Suppen und Salate verwendet. Ihre Blütezeit ist von April bis Oktober. Sie können die jungen Blätter in der offenen Küche als Beigabe für Suppen nutzen, denn wenn sie gekocht oder blanchiert werden, wird die brennende Wirkung der Nesselhaare deaktiviert.

Dill

Von diesem Kraut werden am besten nur die Blattspitzen zum Würzen genommen. Von aromatisch erfrischendem, leicht süßlichem Geschmack, verleiht das Kraut vor allem Fischgerichten eine typische Note. Dill sollten Sie niemals mitkochen, da sich das geschmacksgebende ätherische Öl sonst dabei verflüchtigt.

Giersch

Dieses Wildkraut können Sie als Gemüse oder in Salaten und Suppen verwenden. Am besten nehmen Sie dafür die Blätter und schneiden Stiele und Blüten ab. Wie beim Bärlauch müssen Sie beim Sammeln von Giersch aufpassen und sich gut auskennen, um das Kraut nicht mit ähnlich aussehenden Giftpflanzen wie dem gefleckten Schierling zu verwechseln.

Löwenzahn

Auch beim Löwenzahn kommen vor allem die Blätter in der Küche zum Einsatz, am besten, wenn sie noch zart und jung sind. Sie können aus Löwenzahn Pestos für Nudeln herstellen, ihn zum Kochen von Suppen verwenden oder als gesunde Zutat unter bunte Salate mischen.

Kerbel

Die Blätter und Stängel werden fein gehackt zum Einsatz gebracht. Bei warmen Gerichten sollten Sie Kerbel nicht mit aufkochen lassen, sondern erst an die fertigen Speisen geben. Kerbel hat einen stark aromatischen Geschmack, der an Petersilie erinnert. Sein Aroma passt gut zu Fleisch, aber auch zu Fisch- und Eintopfgerichten.

Liebstöckel

Die Blätter, die der Speise frisch zerkleinert zugefügt werden, haben einen süßlich-bitteren und würzigen Geschmack. Er erinnert an Maggi, eine seiner volkstümlichen Bezeichnung lautet daher auch »Maggikraut«. Liebstöckel wird gerne Suppen und Eintöpfen beigegeben und mitgekocht. Wegen der starken Würzkraft muss er sparsam dosiert werden.

Majoran

Zum Würzen nutzt man die fein gehackten Triebspitzen. Ihr Geschmack ist kräftig aromatisch, frisch, leicht blumig, ähnlich wie Thymian, jedoch süßer und wohlriechender. Majoran gehört unbedingt in Suppen mit Kartoffeln, Hülsenfrüchten und Tomaten, darf aber auch bei Fleischgerichten und Eintöpfen nicht fehlen. Er ist nicht zuletzt ein typisches Wurstgewürz.

Oregano

Seine frischen Blätter zeichnen sich durch ein kräftiges, angenehm würziges Bouquet aus. Sie sind von pfeffrig-herbem Geschmack mit einem leichten Bitterton. Oregano, auch Dost genannt, ist das klassische Gewürz Italiens. Es verleiht Nudelgerichten den typischen Geschmack. Ferner passt es gut zu Tomaten, Auberginen und Zucchini sowie zu Fleischgerichten.

Petersilie

Die glatten oder krausen Blätter und Stängel des meistgebrauchten heimischen Küchenkrauts, auch Blattpetersilie genannt, werden meist fein gehackt verwendet. Es wird aber nicht mitgekocht, sondern an gegarte Speisen gegeben. Petersilie hat einen charakteristischen süßlich-würzigen Geschmack, bemerkenswert ist der Gehalt an Vitamin C und Karotin. Petersilie dient zum Würzen von Kesselgerichten, aber auch zum Garnieren.

Salbei

Die jungen Blätter und Stängelspitzen sind besonders geschätzt. Sie schmecken deftig-herb, kampferartig, etwas streng und würzig-bitter. Wegen ihrer starken Würzkraft sind sie sparsam zu dosieren. Salbei kann im Gegensatz zu vielen Gewürzkräutern mitgekocht werden und entwickelt erst dabei sein ganzes Aroma. Er passt gut zu Fleisch, vor allem zu Kalb- und Geflügelgerichten.

Schnittlauch

Sollte sehr fein geschnitten verwertet werden. Geruch und Geschmack sind leicht scharf-würzig, von zwiebelähnlichem Aroma. Schnittlauch wird ausschließlich roh verarbeitet, da Aroma und Geschmack durch das Kochen verloren gehen. Dieses Universalgewürz passt unter anderem zu Fisch und Fleisch sowie zu Gemüsegerichten.

Sauerampfer

Er blüht von Mai bis September und kann ähnlich wie Spinat gekocht oder roh zubereitet werden. Sauerampfer hat einen leicht sauren und würzigen Geschmack. Auch zu Suppen und Salaten passt er wunderbar. In der alternativen Heilmedizin wird er bei Verdauungsproblemen angewandt.

Thymian

Junge Triebe und Blätter werden gehackt genutzt. Er ist von kräftigem, leicht herbem, etwas kampfer- beziehungsweise majoranähnlichem Geschmack und wegen seiner starken Würzkraft nur gering zu dosieren. Thymian ist vielseitig verwendbar, unter anderem für Fleischgerichte, Hülsenfruchteintöpfe sowie viele italienische und provenzalische Gerichte.

Zitronenmelisse

Junge Blätter und Triebe nur wenig schneiden beziehungsweise hacken, damit sie nicht an Geschmack verlieren. Dieser ist angenehm kühl, würzig, an Zitronen erinnernd und leicht bitter. Man sollte das Kraut nur frisch verwenden. Zitronenmelisse passt zu allen Speisen, die ein dezentes Zitronenaroma vertragen, wie Suppen, Geflügel- und Pilzgerichte oder Hülsenfrüchte.

Die folgenden Gewürze werden in den Rezepten parallel zu Salz verwendet. Außerdem kommt bei vielen Gerichten Gemüsebrühe in Pulverform zum Einsatz. Als Alternative können Sie frische, vorgekochte Gemüsebrühe verwenden.

Cayennepfeffer

Das aus Chilischoten hergestellte Pulver gibt Gulasch und anderen Fleischspeisen die nötige Schärfe. Cayennepfeffer regt Herz und Kreislauf an und fördert die Verdauung.

Curry

Fertige Currymischungen gibt es in vielen Varianten. Hauptbestandteile sind Kurkuma, Kardamom, Koriander, Pfeffer und Piment, Ingwer, Muskat, Nelken und Zimt. Curry entfaltet sein Aroma am besten, wenn man ihn schon beim Anbraten zugibt. Er wirkt keimabtötend, fördert die Verdauung und regt die Galle an.

Knoblauch

Klein geschnitten oder durch die Knoblauchpresse gedrückt, gibt er Suppen, Fleisch und Gemüse ein würziges Aroma. Knoblauch sollte nach dem Zerkleinern etwa eine halbe Stunde lang »ruhen«, damit sich seine Wirkstoffe voll entfalten können. Der medizinische Wert des Knoblauches ist außerordentlich hoch: Er wirkt blutverdünnend und senkt das Risiko für Herz-Kreislauf-Erkrankungen und Infarkte.

Kümmel

Gibt deftigen Gerichten die richtige Würzung. Eignet sich für Gulasch- und Eintopfgerichte, Sauerkraut und Kohlgerichte in Form von ganzen oder zerkleinerten Samen. Auch gemahlen ist Kümmel erhältlich. Er macht schwere Gerichte leichter verdaulich und hilft gegen nervösen Magen, Völlegefühl und Blähungen. Kümmel sollte sparsam eingesetzt werden, da er einen starken Eigengeschmack besitzt.

Lorbeer

Galt im Altertum als Pflanze des Gottes Apoll. Dichter, Sänger und siegreiche Feldherrn ließen sich mit Lorbeer bekränzen. In der Küche eignen sich die Blätter mit dem herben, leicht bitteren Aroma für Fleisch- und Geflügeleintöpfe, Fischgerichte und Rotkohl. Lorbeerblätter nicht zu lange mitkochen lassen, da sie sonst einen bitteren Geschmack abgeben. Sie fördern den Appetit und wirken positiv auf die Verdauung.

Muskatnuss

Der Samenkern des immergrünen Muskatbaumes wird am besten frisch gerieben genutzt. Wegen seines intensiven Aromas ist Muskat sparsam zu dosieren und passt zu cremigen Suppen sowie zu Kartoffel- und Kohlgerichten. Er wirkt antiseptisch und wird zur Linderung bei Magen- und Darminfektionen, Durchfall und Blähungen empfohlen.

Gewürznelke

Kommt bei Fleischgerichten, in Rotkohl, aber auch bei Desserts und Glühwein zum Einsatz. Das Gewürz hat eine antiseptische und betäubende Wirkung.

Gewürz- und Garzeitinfo

Kaufen Sie nach Möglichkeit »ganze« Gewürze, das heißt ungemahlene Pfefferkörner und Wacholderbeeren, Muskatnüsse, Zimtstangen und Kümmelsamen. Sie haben ein viel intensiveres Aroma als Pulver. Licht und Luft schaden den Gewürzen, deshalb immer fest verschlossen in dunklen Gläsern aufbewahren. Raspeln, zerdrücken oder mahlen Sie die Gewürze immer erst unmittelbar vor dem Verbrauch.

Weil im Kessel alle Zutaten gemeinsam gekocht werden, ist es wichtig, die verschiedenen Garzeiten zu berücksichtigen. Deshalb beginnen Sie beim Kochen mit den Lebensmitteln, die zum Garen länger brauchen. Beim Kochen über offenem Feuer wird die Kochzeit davon beeinflusst, wie stark das Feuer brennt – das ist manchmal nicht leicht zu kontrollieren. Am besten rühren Sie die Kesselgerichte öfter um und kontrollieren durch eine Stichprobe mit der Gabel, ob die Zutaten schon gar sind.

Paprikapulver

Das Pulver wird aus der Gewürzpaprika hergestellt. Es dient als Hauptgewürz für Gulasch und andere Fleischspeisen. Paprikapulver sollte nie in zu heißes Fett gegeben werden, da es sonst bitter und braun wird.

Pfeffer

Frisch über das fertige Gericht gemahlen, schmeckt Pfeffer am besten. Schwarzer Pfeffer hat einen scharfen, würzigen Geschmack. Er wird grün geerntet und erhält beim Trocknen seine schwarze Farbe.

Weißer Pfeffer wird durch Schälen und Trocknen der reifen roten Beeren gewonnen. Er ist weniger scharf und feiner im Geschmack. Noch milder ist der grüne Pfeffer, der in unreifem Zustand konserviert wird. Der im Handel erhältliche rosa Pfeffer gehört nicht zu den Pfeffergewächsen – sondern wird vom Schinus-Strauch geerntet. Auch er ist mild, hat aber einen süßlichen Geschmack. Pfeffer fördert die Durchblutung und beugt Blähungen vor.

Wacholder

Die herben schwarzen Beeren passen kombiniert mit Lorbeer gut zu Gulasch, Fleischgerichten, Rotkohl und Sauerkraut. Wacholderbeeren regen die Nierentätigkeit an und fördern die Entwässerung des Körpers. Er wächst auf kargen Bergböden und in der sandigen Heide.

Zimt

Die getrocknete Rinde des Zimtbaums ist in zwei Formen erhältlich: Das herb-süßliche Pulver würzt Grießbrei und Milchreis. In Stangenform kann man Zimt in Kompott und Süßspeisen mitkochen, auch Glühwein und Punsch erhalten so ihre Würze.

Deftige Kesselsuppen

Suppen sind in der Gulaschkanone am einfachsten zu kochen. Für die Brühe nehmen Sie einfach Brühpulver und Wasser, dann kommen je nach Garzeit nach und nach die übrigen Zutaten dazu. Weil so viel Flüssigkeit im Kessel ist, müssen Sie nicht dauernd umrühren und das Gericht auch nicht ständig im Auge behalten, die Suppe kocht fast von allein.

Würzige Paprika-Weißkohlsuppe

Zutaten für 6 Portionen

2 EL Rapsöl ■ 3 Zwiebeln, geschält und klein geschnitten ■ 6 Karotten, geschält und in Scheiben geschnitten ■ 4 rote Paprikaschoten, geputzt, entkernt und gewürfelt ■ 2 EL Paprikapulver ■ 1 TL Kümmel, gemahlen
Salz und schwarzer Pfeffer aus der Mühle ■ 3 l Gemüsebrühe
1 kg Weißkohl, geputzt und gewürfelt ■ 1 Bund Majoran, Blättchen abgezupft

---

Zubereitung

1 Das Rapsöl in einen Kessel geben und erhitzen. Zwiebeln, Karotten und Paprikawürfel dazugeben und kurz andünsten.

2 Mit Paprikapulver, Kümmel, wenig Salz und Pfeffer würzen und die Gemüsebrühe dazugießen. Das Ganze aufkochen lassen. Dann den Weißkohl beifügen und etwa 20 Minuten garen.

3 Zum Schluss Majoran unterrühren und die Paprika-Weißkohlsuppe mit Salz und Pfeffer würzig abschmecken.

Deftige rote Zwiebelsuppe mit Käse

Zutaten für 6 Portionen

6 EL Rapsöl oder Butter ■ 3 Knoblauchzehen, abgezogen und klein gehackt ■ 3 EL Mehl ■ ¼ l trockener Weißwein ■ 1½ kg rote Zwiebeln, geschält und in dünne Streifen geschnitten ■ 3 l Gemüsebrühe
Salz und schwarzer Pfeffer aus der Mühle ■ 1 TL Thymian, getrocknet
1 Bund Schnittlauch, in Röllchen geschnitten ■ 300 g geriebener Käse, zum Beispiel Comté, Emmentaler oder Greyerzer

Zubereitung

1 Das Rapsöl oder die Butter in einen Kessel geben und bei mittlerer Hitze erwärmen. Den klein gehackten Knoblauch zufügen und andünsten. Dabei ab und zu mit einem Kochlöffel umrühren.

2 Das Mehl darüberstreuen, umrühren, mit dem Weißwein aufgießen und um die Hälfte einkochen lassen. Die Zwiebeln dazugeben, mit der Gemüsebrühe aufgießen und mit Salz, Pfeffer und Thymian würzen.

3 Die Zwiebelsuppe etwa 30 Minuten bei mittlerer Hitzezufuhr köcheln lassen. Schnittlauch und geriebenen Käse beifügen und unterrühren. Zum Schluss mit Salz und Pfeffer abschmecken.

Kartoffelsuppe mit Würstchen

Zutaten für 6 Portionen

3 EL Rapsöl ▪ 3 Zwiebeln, geschält und klein geschnitten ▪ 1 Knoblauchzehe, abgezogen und klein gehackt ▪ 1½ kg Kartoffeln, geschält und gewürfelt ▪ 1 Petersilienwurzel, geschält und in dünne Scheiben geschnitten ▪ 4 Karotten, geschält und in dünne Scheiben geschnitten
3 l Gemüsebrühe ▪ 1 Lorbeerblatt ▪ 1 TL Kümmel, gemahlen
3 EL Majoran ▪ Salz und schwarzer Pfeffer aus der Mühle ▪ 6 Paar Wiener Würstchen, in dünne Scheiben geschnitten ▪ 1 Bund Schnittlauch, in Röllchen geschnitten

Zubereitung

1 Das Rapsöl in einem Kessel erhitzen. Die Zwiebeln und den Knoblauch dazugeben und kurz andünsten. Kartoffeln, Petersilienwurzel und Karotten hinzufügen, umrühren und mit der Gemüsebrühe aufgießen.

2 Dann das Lorbeerblatt, Kümmel und Majoran dazutun und mit wenig Salz und Pfeffer würzen. Das Ganze bei mittlerer Hitzezufuhr in etwa 30 Minuten weich kochen.

3 Mit einem Schneebesen kräftig durchrühren, die Wurstscheiben hinzufügen und aufkochen lassen. Zum Schluss Schnittlauch unterrühren und die Kartoffelsuppe mit Salz und Pfeffer kräftig abschmecken.

Kürbissuppe mit gerösteten Kernen

Zutaten für 6 Portionen

2 EL Rapsöl ▪ 2 Zwiebeln, geschält und klein geschnitten ▪ 1½ kg Hokkaidokürbis, entkernt und klein geschnitten ▪ 3 rote Paprikaschoten, geputzt, entkernt und gewürfelt ▪ 2½ l Gemüsebrühe ▪ 400 g Sahne (2 Becher) ▪ 1 TL brauner Rohrzucker ▪ Cayennepfeffer nach Geschmack ▪ Salz und schwarzer Pfeffer aus der Mühle ▪ 1 Handvoll geröstete Kürbiskerne

---

Zubereitung

1 In einem Kessel das Rapsöl erhitzen und darin die Zwiebeln andünsten. Den Hokkaidokürbis und die Paprikaschoten dazugeben und mit andünsten. Als Nächstes mit der Gemüsebrühe und der Sahne aufgießen.

2 Mit braunem Rohrzucker, Cayennepfeffer, Salz und Pfeffer würzen. Das Ganze etwa 20 Minuten bei mittlerer Hitze köcheln lassen.

3 Zum Schluss die Kürbiskerne hinzugeben und mit Salz und Pfeffer kräftig abschmecken.

Tomatensuppe mit Bärlauch

Zutaten für 6 Portionen

3 Zwiebeln, geschält und klein geschnitten ■ 2 EL Rapsöl ■ 300 g Frühstücksspeck, gewürfelt ■ 3 EL Tomatenmark ■ 2½ l Gemüsebrühe 1½ kg Tomaten, Stielansatz entfernt und klein geschnitten ■ ½ TL Thymian ■ ½ TL Oregano ■ 1 TL brauner Rohrzucker ■ Cayennepfeffer nach Belieben ■ Salz und weißer Pfeffer aus der Mühle ■ 250 g Mini-Mozzarella ■ 1 Handvoll Bärlauch, klein geschnitten

Zubereitung

1 In einem Kessel die Zwiebeln in Rapsöl andünsten. Die Speckwürfel zufügen und kurz mitbraten. Das Tomatenmark beigeben, gut umrühren und mit der Gemüsebrühe auffüllen und aufkochen lassen.

2 Die Tomaten dazutun und mit Thymian, Oregano, Rohrzucker, Cayennepfeffer, Salz und Pfeffer würzen.

3 Die Tomatensuppe gut durchkochen lassen und mit einem Schneebesen kräftig umrühren. Zum Schluss mit Salz und Pfeffer abschmecken, den Mozzarella hinzugeben und mit Bärlauch verfeinern.

Deftige Linsensuppe mit Gemüse

Zutaten für 6 Portionen

500 g getrocknete Linsen ▪ 2 EL Rapsöl ▪ 2 Zwiebeln, geschält und klein geschnitten ▪ 1 Knoblauchzehe, gepresst ▪ 4 Karotten, geschält und klein gewürfelt ▪ 2 Petersilienwurzeln, geschält und klein gewürfelt 3 l Gemüsebrühe ▪ 1 Handvoll gehackte frische Kräuter nach Wahl ½ TL Currypulver ▪ 1 TL Oregano, getrocknet ▪ Salz und schwarzer Pfeffer aus der Mühle

Zubereitung

1 Die Linsen in einer Schüssel über Nacht in der doppelten Menge Wasser einweichen. Am folgenden Tag das Einweichwasser wegschütten und die Linsen in einem Sieb abtropfen lassen.

2 Das Rapsöl in einem Kessel erhitzen. Zwiebeln, Knoblauch, Karotten und Petersilienwurzeln dazugeben und kurz andünsten. Die Linsen zufügen und mit der Gemüsebrühe im Kessel in etwa 30 Minuten weich kochen.

3 Zum Schluss die Kräuter hinzutun, durchrühren und die Linsensuppe mit Currypulver, Oregano, Salz und Pfeffer würzig abschmecken.

Bohnensuppe mit Liebstöckel

Zutaten für 6 Portionen

500 g getrocknete Bohnen ▪ 2 EL Rapsöl ▪ 2 Zwiebeln, geschält und klein geschnitten ▪ 2 Knoblauchzehen, abgezogen und klein gehackt
4 Kartoffeln, geschält und klein geschnitten ▪ 6 Karotten, geschält und in Scheiben geschnitten ▪ ½ Knollensellerie, geschält und klein gewürfelt
2 gelbe Paprikaschoten, geputzt, entkernt und gewürfelt ▪ ½ TL Bohnenkraut ▪ ½ TL Majoran ▪ 1 Lorbeerblatt ▪ einige Wacholderbeeren
3 l Gemüsebrühe ▪ Salz und schwarzer Pfeffer aus der Mühle ▪ 2 Stängel Liebstöckel, klein geschnittene Blätter

---

Zubereitung

1 Die Bohnen in einer Schüssel über Nacht in der doppelten Menge Wasser einweichen. Am folgenden Tag in ein Sieb abschütten und die Bohnen abtropfen lassen.

2 Das Rapsöl in einem Kessel erhitzen. Zwiebeln, Knoblauch, Kartoffeln und das Gemüse dazugeben und kurz andünsten. Bohnenkraut, Majoran, Lorbeerblatt und Wacholderbeeren zufügen.

3 Die Bohnen mit der Gemüsebrühe in den Kessel geben, mit Salz und Pfeffer würzen und das Ganze in etwa 40 Minuten weich kochen. Zum Schluss klein geschnittenes Liebstöckel dazugeben, durchrühren und die Bohnensuppe mit Salz und Pfeffer würzig abschmecken.

Brennnesselsuppe mit Lauch

Zutaten für 6 Portionen

4 EL Rapsöl ■ 2 EL Butter ■ 2 Zwiebeln, geschält und klein geschnitten 3 Stangen Lauch in dünne Scheiben geschnitten ■ 1 Tasse Mehl 2½ l Gemüsebrühe ■ 400 g Sahne (2 Becher) ■ 2 Handvoll Brennnesselblätter, klein geschnitten ■ 2 Handvoll Blattspinat, klein geschnitten 1 Handvoll Kerbel, klein geschnitten ■ 1 Handvoll Bärlauch, klein geschnitten ■ ½ TL brauner Rohrzucker ■ Salz und weißer Pfeffer aus der Mühle

---

Zubereitung

1 Das Rapsöl und die Butter in einem Kessel erwärmen. Die Zwiebeln und den Lauch dazugeben und andünsten. Das Mehl unter ständigem Rühren darüberstreuen und mit der kalten Gemüsebrühe und der Sahne aufgießen.

2 Das Ganze unter Rühren etwa 10 Minuten kochen lassen. Brennnesseln, Blattspinat, Kerbel und Bärlauch dazugeben, aufkochen lassen und zum Schluss mit Zucker, Salz und Pfeffer würzig abschmecken.

Bauernbrotsuppe mit Schnittlauch

Zutaten für 6 Portionen

3 EL Rapsöl ■ 4 Zwiebeln, geschält und klein geschnitten ■ 1 kg Bauernbrot, in 1 cm große Würfel geschnitten ■ 3 l Gemüsebrühe
1 Bund Suppengrün, geputzt, fein gehackt ■ 1 TL Kümmel, gemahlen
1 EL Majoran, getrocknet ■ 200 g Sahne (1 Becher) ■ Salz und schwarzer Pfeffer aus der Mühle ■ 1 Bund Schnittlauch, in Röllchen geschnitten
2 Stängel Liebstöckel, klein geschnittene Blätter

Zubereitung

1 Das Rapsöl in einem Kessel erhitzen und darin die Zwiebeln andünsten. Das geschnittene Brot dazugeben und leicht mit anbraten. Die Gemüsebrühe hinzufügen und aufkochen lassen.

2 Das zerkleinerte Suppengrün, Kümmel, Majoran und die Sahne beigeben und mit Salz und Pfeffer würzen. Die Brotsuppe etwa 20 Minuten bei mittlerer Hitze durchkochen lassen.

3 Zum Schluss Schnittlauch und Liebstöckel dazutun und das Ganze mit Salz und Pfeffer kräftig abschmecken.

Tipp: Wer mag, kann 600 g in Streifen oder Würfel geschnittenen Rauchspeck hinzufügen und einfach mit den Zwiebeln anrösten.

Knoblauchsuppe mit Salbei

Zutaten für 6 Portionen

2 EL Rapsöl ■ 2 EL Butter ■ 3 Zwiebeln, geschält und klein geschnitten
10 Knoblauchzehen, abgezogen und klein gehackt ■ 1 Tasse Mehl
400 g Sahne (2 Becher) ■ 2½ l Gemüsebrühe (kalt) ■ 1 Lorbeerblatt
1 Zweig frischer Salbei, Blättchen klein geschnitten ■ Muskatnuss, gerieben ■ 1 TL Zucker ■ Salz und schwarzer Pfeffer aus der Mühle
1 Handvoll Bärlauch, klein geschnitten

Zubereitung

1 Einen Kessel erwärmen, dann das Rapsöl und die Butter darin erwärmen (nicht zu heiß). Die Zwiebeln und den Knoblauch dazugeben. Das Mehl darüberstreuen und das Ganze mit dem Schneebesen verrühren, dann sogleich mit der kalten Sahne und der Gemüsebrühe aufgießen.

2 Das Lorbeerblatt und den Salbei hinzufügen und mit Muskatnuss, Zucker, Salz und Pfeffer würzen. Die Knoblauchsuppe etwa 20 Minuten durchkochen lassen.

3 Zum Schluss den Bärlauch einrühren und mit Salz, Zucker und Pfeffer würzig abschmecken.

Kräftige Gulaschsuppe

Zutaten für 6 Portionen

4 EL Rapsöl ■ 8 Zwiebeln, geschält und klein geschnitten ■ 3 Knoblauchzehen, abgezogen und klein gehackt ■ 1 kg Rindfleisch, in 1 cm große Würfel geschnitten ■ 6 EL Tomatenmark ■ 4 EL Mehl
4 EL Paprikapulver, edelsüß ■ 3 l Gemüsebrühe ■ 3 Paprikaschoten (rot, gelb, grün) geputzt, entkernt und gewürfelt ■ 4 Karotten, geschält und in kleine Würfel geschnitten ■ 6 Kartoffeln, geschält und in kleine Würfel geschnitten ■ 6 Tomaten, Stielansatz entfernt und klein geschnitten
1 EL Majoran, getrocknet ■ 1 TL Kümmel, gemahlen ■ wenig Tabasco
1 TL Zucker ■ Salz und schwarzer Pfeffer aus der Mühle

Zubereitung

1 Die Gulaschkanone erhitzen und das Rapsöl darin erwärmen. Die Zwiebeln und die Knoblauchzehen hinzufügen und anbraten. Das Rindfleisch in den Kessel geben und unter mehrmaligem Umrühren gut anbraten.

2 Das Tomatenmark dazutun und unterrühren. Das Mehl und das Paprikapulver darüberstreuen, umrühren, gleich mit der Gemüsebrühe aufgießen und aufkochen lassen.

3 Paprikaschoten, Karotten, Kartoffeln und Tomaten beifügen. Mit Majoran, Kümmel, wenig Tabasco, Zucker, Salz und Pfeffer würzen.

4 Die Gulaschsuppe bei mittlerer Hitzezufuhr etwa 1½–2 Stunden köcheln lassen, dabei ab und zu umrühren. Zum Schluss mit Tabasco, Zucker, Salz und Pfeffer kräftig abschmecken.

Grießsuppe mit Eierflaum

Zutaten für 6 Portionen

3 l Gemüsebrühe ■ 3 Karotten, geschält und klein gewürfelt ■ 1 Stange Lauch in dünne Scheiben geschnitten ■ 120 g Hartweizengrieß ■ 6 Eier, aufgeschlagen und verquirlt ■ 1 Handvoll Petersilie, gehackt ■ Salz und schwarzer Pfeffer aus der Mühle

---

Zubereitung

1 Die Gemüsebrühe in einem Kessel mit den Karottenwürfeln und den Lauchscheiben erhitzen und etwa 10 Minuten köcheln lassen, bis das Gemüse gar ist.

2 Den Grieß zufügen und aufkochen lassen. Die verquirlten Eier unter ständigem Rühren mit einem Schneebesen in die Suppe einrühren und ebenfalls aufkochen lassen.

3 Zum Schluss die gehackte Petersilie dazugeben und mit Salz und Pfeffer würzig abschmecken.

Klare Fischsuppe mit Gemüse

Zutaten für 6 Portionen

4 EL Rapsöl ▪ 3 Knoblauchzehen, abgezogen und klein gehackt
2 Stangen Lauch in dünne Scheiben geschnitten ▪ 1 Staudensellerie, geputzt und in dünne Scheiben geschnitten ▪ 4 Karotten, geschält und in Scheiben geschnitten oder gehobelt ▪ 2 gelbe Paprikaschoten, geputzt, entkernt und gewürfelt ▪ 3 l Gemüsebrühe ▪ 1 Lorbeerblatt ▪ 4 Gewürznelken ▪ ½ TL Bohnenkraut ▪ Salz und weißer Pfeffer aus der Mühle
1 kg Fischfilets, in mundgerechte Stücke geschnitten ▪ 1 Bund Dill, klein geschnitten

---

Zubereitung

1 Das Rapsöl in einen Kessel geben und erhitzen. Knoblauchzehen, Lauch, Staudensellerie, Karotten und die gelben Paprikaschoten hinzufügen und glasig andünsten.

2 Mit der Gemüsebrühe aufgießen, Lorbeerblatt, Gewürznelken und das Bohnenkraut dazugeben, mit Salz und Pfeffer würzen und das Ganze etwa 20 Minuten bei mittlerer Hitze kochen lassen.

3 Die Suppe gut durchrühren und mit Salz und Pfeffer kräftig abschmecken. Anschließend die Fischfilets hinzufügen und mit einem Kochlöffel vorsichtig »untertauchen«, sodass sich kein Fischstück mehr an der Oberfläche befindet.

4 Die Fischfilets in der heißen Suppe etwa 10 Minuten gar ziehen lassen. Dabei nicht umrühren, sondern wenn nötig den Kessel nur hin- und herbewegen, damit die Fischstücke nicht zerfallen. Zum Schluss den Dill darüberstreuen.

Tipp: Wer es mag, und wenn keine Kinder mitessen, kann die Fischsuppe gerne mit einem Schuss Pernod oder Ouzo abschmecken.

Tom-Kha-Gai-Suppe

Zutaten für 6 Portionen

1 l Kokosmilch ■ 1½ l Gemüsebrühe ■ 5 cm Galgant, geschält und klein gewürfelt ■ 2 Stängel Zitronengras, angedrückt, nur zum Mitkochen 2 Knoblauchzehen, abgezogen und klein gehackt ■ 1 rote Chilischote, entkernt und klein geschnitten ■ 2 Bund Frühlingszwiebeln, geputzt und klein geschnitten ■ 1 kg Hähnchenbrustfilet (ohne Haut), in mundgerechte Stücke geschnitten ■ 250 g Enoki-Pilze, geputzt und zerteilt 250 g kleinere Champignons, geputzt und geviertelt ■ 1 TL Palmblütenzucker oder Zucker ■ 4 EL Fischsauce ■ 4 EL Limettensaft ■ 1 EL Sojasauce ■ Salz ■ ½ Handvoll frische Korianderblätter

Zubereitung

1 Kokosmilch und Gemüsebrühe in einen Kessel geben und erhitzen. Galgant und Zitronengras dazugeben und aufkochen lassen.

2 Knoblauchzehen, Chilischote, Frühlingszwiebeln, Hähnchenfleisch und die vorbereiteten Pilze hinzufügen. Mit Palmblütenzucker, Fischsauce, Limettensaft, Sojasauce und Salz würzen und die Suppe bei mittlerer Hitze in etwa 15 Minuten gar kochen lassen.

3 Zum Schluss das Zitronengras entfernen, die Korianderblätter beigeben und die Suppe mit Salz, Palmblütenzucker und Sojasauce abschmecken.

Erbsensuppe mit Speck

Zutaten für 6 Portionen

2 EL Rapsöl ■ 3 Zwiebeln, geschält und klein geschnitten ■ 400 g Frühstücksspeck, gewürfelt ■ 3 l Gemüsebrühe ■ 800 g Kartoffeln, geschält und in kleine Würfel geschnitten ■ 4 Karotten, geschält und klein gewürfelt ■ 2 Petersilienwurzeln, geschält und klein gewürfelt ■ 2 EL Majoran 1 Lorbeerblatt ■ 800 g grüne Erbsen, frisch oder tiefgekühlt ■ 1 Handvoll Wildkräuter ■ Salz und schwarzer Pfeffer aus der Mühle

Zubereitung

1 Das Rapsöl im Kessel erhitzen, die Zwiebeln und den klein geschnittenen Frühstücksspeck hinzugeben und anschwitzen. Die Gemüsebrühe dazugießen und aufkochen lassen.

2 Kartoffeln, Karotten und Petersilienwurzeln mit Majoran und dem Lorbeerblatt beifügen und das Ganze etwa 10 Minuten bei mittlerer Hitze kochen lassen.

3 Nun die Erbsen und die Wildkräuter zugeben und weitere 10 Minuten, bis die Erbsen und Kartoffeln gar sind, kochen lassen. Zum Schluss die Erbsensuppe mit Salz und Pfeffer würzig abschmecken.

Gemüsegerichte
(vegetarisch)

Bei vegetarischen Eintopfgerichten ist es wichtig, die Garzeit zu beachten: Als Erstes kommen die Zutaten in den Kessel, die am längsten kochen müssen. Hülsenfrüchte brauchen länger zum Garen als die meisten Gemüsesorten. Auch beim Gemüse gibt es Unterschiede, zum Beispiel brauchen Karotten und Kartoffeln länger als Paprika, Zucchini oder Tomaten.

Altbayerisches Kartoffelgulasch

Zutaten für 6 Portionen

4 EL Sonnenblumenöl ■ 4 Zwiebeln, geschält und klein geschnitten 2 Knoblauchzehen, klein gehackt ■ 4 EL Tomatenmark ■ 2 EL Paprikapulver edelsüß ■ 4 Karotten, geschält und in Scheiben geschnitten 2 rote Paprikaschoten, geputzt, entkernt und gewürfelt ■ 4 Tomaten, Stielansatz entfernt und klein geschnitten ■ 3 l Gemüsebrühe ■ 1½ kg festkochende Kartoffeln, geschält und in Würfel geschnitten ■ 1 EL Kümmel, gemahlen ■ 2 EL Majoran, getrocknet ■ Salz und schwarzer Pfeffer aus der Mühle ■ 1 Handvoll Petersilie, klein geschnitten

Zubereitung

1 Das Sonnenblumenöl in einem Kessel erhitzen, dann die Zwiebeln und den Knoblauch darin anbraten. Das Tomatenmark dazugeben und leicht mitbraten.

2 Das Paprikapulver darüberstreuen und unterrühren. Karotten, Paprikawürfel und die klein geschnittenen Tomaten hinzufügen. Mit der Gemüsebrühe aufgießen und das Ganze aufkochen lassen.

3 Die Kartoffelwürfel beigeben und mit Kümmel, Majoran, Salz und Pfeffer würzen. Das Gulasch etwa 30 Minuten bei mittlerer Hitze köcheln lassen. Dabei ab und zu umrühren. Zum Schluss die Petersilie hinzufügen und mit Salz und Pfeffer abschmecken.

Würzige Pilze mit Gemüse

Zutaten für 6 Portionen

2 EL Rapsöl ■ 3 Zwiebeln, geschält und klein geschnitten ■ 6 rote Paprikaschoten, geputzt, entkernt und gewürfelt ■ 1 kg gemischte Pilze wie Champignons, Austernpilze, Saitlinge, Shiitake-Pilze, Enoki-Pilze, Pfifferlinge, geputzt, zerkleinert ■ 2 l Gemüsebrühe ■ 1 EL Kümmel, gemahlen 2 EL Majoran, getrocknet ■ Salz und schwarzer Pfeffer aus der Mühle 400 g Sahne (2 Becher) ■ 1 Handvoll Petersilie, klein geschnitten

Zubereitung

1 Einen Kessel erhitzen und das Rapsöl darin erwärmen. Die Zwiebeln dazugeben und glasig andünsten. Die Paprikaschoten und die Pilze zufügen und mit der Gemüsebrühe auffüllen.

2 Mit Kümmel, Majoran, Salz und Pfeffer würzen, aufkochen lassen und das Ganze bei mittlerer Hitze in etwa 25 Minuten weich kochen.

3 Zum Schluss die Sahne und die Petersilie dazugeben, aufkochen lassen und mit Salz und Pfeffer deftig abschmecken.

Brokkoli mit Räuchertofu

Zutaten für 6 Portionen

4 EL Rapsöl ■ 4 Zwiebeln, geschält und klein geschnitten ■ 1 kg Räuchertofu, in Würfel geschnitten ■ 1 kg Brokkoli, ohne Strunk, in kleine Röschen geteilt ■ 4 Karotten, geschält und in Scheiben geschnitten
1 l Kokosmilch ■ ½ l Gemüsebrühe ■ 1 EL brauner Rohrzucker
1 TL Ingwerwurzel, gerieben ■ 1 TL Korianderkörner ■ 1 EL Kümmel, gemahlen ■ 2 EL Currypulver ■ 1 Zitrone, den ausgepressten Saft
Salz und weißer Pfeffer aus der Mühle

Zubereitung

1 Den Kessel mit dem Rapsöl erhitzen und die Zwiebeln darin glasig dünsten. Räuchertofu dazugeben und rundherum anbraten, dabei mehrmals umrühren.

2 Den Brokkoli und die Karotten beifügen und kurz mitbraten. Die Kokosmilch und die Gemüsebrühe dazugießen und das Ganze aufkochen lassen.

3 Mit Rohrzucker, Ingwer, Koriander, Kümmel, Currypulver, Zitronensaft, Salz und Pfeffer würzen und etwa 15 Minuten garen. Zum Schluss mit Salz und Pfeffer pikant abschmecken.

Buntes Kesselgemüse mit Reis

Zutaten für 6 Portionen

4 EL Rapsöl ■ 2 Zwiebeln, geschält und klein geschnitten ■ 2 Knoblauchzehen, abgezogen und klein gehackt ■ 4 Zucchini, in Würfel geschnitten 2 Stangen Lauch in dünne Scheiben geschnitten ■ 6 Karotten, geschält und in Würfel geschnitten ■ 600 g Naturreis ■ 2 l Gemüsebrühe 400 g grüne Erbsen, frisch oder tiefgekühlt ■ 200 g Butter ■ Salz und weißer Pfeffer aus der Mühle ■ ½ Handvoll frischer Majoran, Blättchen abgezupft ■ 1 Handvoll Petersilie, klein geschnitten

---

Zubereitung

1 Das Rapsöl im Kessel erwärmen und die Zwiebeln sowie den Knoblauch darin leicht anbraten. Zucchiniwürfel, Lauch und Karotten dazugeben und mitbraten.

2 Den Naturreis hinzufügen, unterrühren und gleich mit der Gemüsebrühe aufgießen. Das Ganze etwa 10 Minuten kochen lassen, dabei ab und zu umrühren.

3 Nun die Erbsen und die Butter beigeben und mit Salz und Pfeffer würzen. Das Kesselgemüse mit dem Reis unter Rühren in etwa 15 Minuten garen, bis der Reis weich ist.

4 Zum Schluss Majoran und Petersilie unterrühren und mit Salz und Pfeffer abschmecken.

Linsen mit Gemüse

Zutaten für 6 Portionen

500 g getrocknete braune Linsen ■ 4 EL Rapsöl ■ 2 Zwiebeln, geschält und klein geschnitten ■ 6 Karotten, geschält und in kleine Würfel geschnitten ■ 2 Pastinaken, geschält und in kleine Würfel geschnitten ½ Knollensellerie, geschält und in kleine Würfel geschnitten ■ 4 Kartoffeln, in kleine Würfel geschnitten ■ 3 l Gemüsebrühe ■ 1 EL Kümmel, gemahlen ■ 2 EL Majoran, getrocknet ■ Salz und schwarzer Pfeffer aus der Mühle ■ 1 Schuss Apfelessig ■ 1 Handvoll Wildkräuter, klein geschnitten

Zubereitung

1 Die Linsen über Nacht in einer Schüssel mit doppelter Menge Wasser einweichen. Am folgenden Tag das Einweichwasser wegschütten und die Linsen in einem Sieb abtropfen lassen.

2 Rapsöl im Kessel erhitzen und die Zwiebeln darin glasig dünsten. Linsen, Karotten, Pastinaken, Knollensellerie und Kartoffeln dazugeben und mit der Gemüsebrühe aufgießen.

3 Mit Kümmel, Majoran, Salz, Pfeffer und einem Schuss Apfelessig würzen. Die Kessellinsen in etwa 30–40 Minuten weich kochen.

4 Zum Schluss die Wildkräuter unterrühren und das Ganze mit Salz und Pfeffer pikant abschmecken.

Tomaten mit Quinoa und Basilikum

Zutaten für 6 Portionen

4 EL Rapsöl ■ 3 Zwiebeln, geschält und klein geschnitten ■ 2 Knoblauchzehen, abgezogen und klein gehackt ■ 2 l Gemüsebrühe
600 g Quinoa ■ 2 Stangen Lauch in dünne Scheiben geschnitten
1 kg Tomaten, ohne Stielansatz, gewürfelt ■ Salz und weißer Pfeffer aus der Mühle ■ 1 Handvoll Basilikum, Blätter klein gezupft

---

Zubereitung

1 Das Rapsöl in einem Kessel erhitzen und die Zwiebeln sowie den Knoblauch dazugeben und anbraten. Mit der Gemüsebrühe aufgießen, Quinoa zufügen, mit einem Kochlöffel umrühren und etwa 15 Minuten kochen lassen.

2 Den Lauch und die Tomaten zufügen. Mit Salz und Pfeffer würzen, dann das Ganze in weiteren 10 Minuten weich kochen.

3 Zum Schluss mit Salz und Pfeffer abschmecken, das Basilikum beigeben und unterrühren.

Karottengemüse mit Couscous

Zutaten für 6 Portionen

2 l Gemüsebrühe ▪ 600 g Couscous ▪ 8 Karotten, geschält und in Scheiben geschnitten ▪ 6 Kohlrabi, geschält, geviertelt und in Scheiben geschnitten ▪ 1 Stange Lauch, in dünne Scheiben geschnitten
100 g Butter ▪ 400 g Sahne (2 Becher) ▪ Salz und weißer Pfeffer aus der Mühle ▪ 1 Handvoll Petersilie, klein geschnitten

Zubereitung

1 Die Gemüsebrühe im Kessel aufkochen und den Couscous hineinrieseln lassen. Umrühren und Karotten, Kohlrabi sowie den Lauch dazugeben.

2 Butter und Sahne zufügen, umrühren und mit Salz und Pfeffer würzen. Das Ganze in etwa 15 Minuten garen und zum Schluss die Petersilie unterrühren und mit Salz und Pfeffer abschmecken.

Pfifferling-Risotto aus dem Kessel

Zutaten für 6 Portionen

100 g Butter ■ 2 Zwiebeln, geschält und klein gewürfelt ■ 1 Stange Lauch, klein gewürfelt ■ 600 g Risotto-Reis ■ 2 l Gemüsebrühe
1 kg Pfifferlinge, geputzt und in Scheiben geschnitten ■ 1 Tasse frisch geriebener Parmesan ■ Salz und schwarzer Pfeffer aus der Mühle
2 Stängel Liebstöckel, klein geschnittene Blätter

Zubereitung

1 Die Butter in einem Kessel zerlassen und die Zwiebeln darin glasig dünsten. Den Lauch und den Reis dazugeben und mit anschwitzen.

2 Mit der Gemüsebrühe aufgießen und das Ganze unter ständigem Rühren bei mittlerer Hitzezufuhr 10 Minuten leicht köcheln lassen. Dann die Pfifferlinge hinzufügen.

3 Das Ganze weiterköcheln lassen, bis das Risotto die gewünschte, leicht cremige Konsistenz hat. Zum Schluss den Parmesan und den Liebstöckel untermischen sowie mit Salz und Pfeffer würzig abschmecken.

Fenchel-Paprika-Kessel mit Batate

Zutaten für 6 Portionen

4 EL Sonnenblumenöl ■ 2 Zwiebeln, geschält und klein geschnitten 2 Knoblauchzehen, abgezogen und klein gehackt ■ 2 l Gemüsebrühe 400 ml Kokosmilch (1 Dose) ■ 4 rote Paprikaschoten, geputzt, entkernt und gewürfelt ■ 2 Fenchelknollen, geputzt und in dünne Streifen geschnitten ■ 800 g Batate (Süßkartoffeln), geschält, geviertelt und in dünne Scheiben geschnitten ■ ½ Tasse Rosinen ■ 1 EL Currypulver ½ TL Zimt, gemahlen ■ Salz und schwarzer Pfeffer aus der Mühle

Zubereitung

1 Den Kessel erwärmen und das Sonnenblumenöl darin erhitzen. Zwiebeln und Knoblauch zufügen und anschwitzen. Mit der Gemüsebrühe und der Kokosmilch aufgießen und das Ganze aufkochen lassen.

2 Paprika, Fenchel, Batate und Rosinen zugeben. Mit Currypulver, Zimt, Salz und Pfeffer würzen.

3 Das Ganze etwa 15 Minuten köcheln lassen, bis das Gemüse weich ist. Zum Schluss mit Salz und Pfeffer würzig abschmecken.

Kichererbsen mit Paprika

Zutaten für 6 Portionen

600 g getrocknete Kichererbsen ■ 4 EL Rapsöl ■ 2 Zwiebeln, geschält und klein geschnitten ■ 2 Knoblauchzehen, abgezogen und klein gehackt
1 Bund Frühlingszwiebeln, geputzt und in Scheiben geschnitten
2 l Gemüsebrühe ■ 6 Paprikaschoten (rot, gelb), geputzt, entkernt und gewürfelt ■ 1 EL Currypulver ■ Salz und schwarzer Pfeffer aus der Mühle
1 Handvoll frische Korianderblätter ■ 1 EL Zitronensaft

Zubereitung

1 Die Kichererbsen über Nacht in reichlich kaltem Wasser einweichen. Danach in ein Sieb abschütten und unter fließendem Wasser abbrausen.

2 Das Rapsöl im Kessel erhitzen, Zwiebeln, Knoblauchzehen und Frühlingszwiebeln darin andünsten und dann mit der Gemüsebrühe aufgießen.

3 Die Paprikawürfel dazugeben und mit Currypulver, Salz und Pfeffer würzen und das Ganze etwa 10 Minuten kochen lassen, bis die Kichererbsen weich sind.

4 Zum Schluss die Korianderblätter darüberstreuen und das Gericht mit Zitronensaft, Salz und schwarzem Mühlenpfeffer würzig abschmecken.

Rührei mit Käse und Spinat

Zutaten für 6 Portionen

18 Eier ■ 1 Tasse geriebener Hartkäse ■ 4 EL Sonnenblumenöl ■ 2 Zwiebeln, geschält und klein gewürfelt ■ 600 g frischer Blattspinat, in dünne Streifen geschnitten ■ Muskatnuss, frisch gerieben ■ Salz und schwarzer Pfeffer aus der Mühle

Zubereitung

1 Die Eier in einer Schüssel aufschlagen und mit dem Käse, Salz und Pfeffer verrühren.

2 Das Sonnenblumenöl im Kessel erhitzen und die Zwiebeln darin glasig dünsten. Den Blattspinat beifügen und mit andünsten.

3 Die Eier-Käsemischung dazugießen und das Ei unter Rühren stocken lassen. Mit frisch geriebener Muskatnuss, Salz und Pfeffer würzen.

Fischgerichte

Fische gehören zu den gesündesten Lebensmitteln überhaupt. Viele tausend Arten gibt es weltweit und der größte Teil von ihnen lebt im Meer. Schon von Natur aus bringen Fische eine Vielfalt von Aromen und Texturen mit auf den Tisch. Ob mild oder würzig, fein oder deftig: Mit ihrer geringen Garzeit sind Fische ideal für leckere Gerichte aus dem Eintopfofen.

Paprika-Fisch-Gulasch mit Garnelen

Zutaten für 6 Portionen

4 EL Rapsöl ■ 2 Knoblauchzehen, klein gehackt ■ 3 Zwiebeln, geschält und klein geschnitten ■ 12 Karotten, geschält und in Würfel geschnitten 6 rote Paprikaschoten, geputzt, entkernt und gewürfelt ■ 6 Tomaten, Stielansatz entfernt und klein geschnitten ■ 2 l Gemüsebrühe ■ 1 Peperoni, fein geschnitten ■ 1 EL Paprikapulver ■ Cayennepfeffer nach Belieben ■ Salz und schwarzer Pfeffer aus der Mühle ■ 1 Handvoll Wildkräuter, klein geschnitten ■ 1 kg Fischfilet (zum Beispiel Kabeljau, Lachs), in mundgerechte Stücke geschnitten ■ 250 g geschälte Garnelen, frisch oder tiefgekühlt

---

Zubereitung

1 Rapsöl im Kessel erhitzen. Knoblauch und Zwiebeln darin glasig dünsten, Karotten, Paprika und Tomaten hinzufügen.

2 Umrühren und mit der Gemüsebrühe auffüllen. Peperoni, Paprikapulver und, wer mag, Cayennepfeffer untermischen. Mit Salz und Pfeffer würzen und das Ganze etwa 10 Minuten garen lassen.

3 Nun die Hitze drosseln und Wildkräuter, Fischfilet sowie Garnelen dazugeben. Vorsichtig umrühren und Fischfilet sowie Garnelen bei schwacher Hitze in etwa 10 Minuten gar ziehen lassen.

4 Zum Schluss das Paprika-Fisch-Gulasch mit Salz, Pfeffer und Cayennepfeffer würzig abschmecken.

Blumenkohl-Brokkoli-Kessel mit Fischfilet

Zutaten für 6 Portionen

4 EL Rapsöl ■ 3 Zwiebeln, geschält und in Streifen geschnitten 1 kg Brokkoli, ohne Strunk, in kleine Röschen geteilt ■ 1 kg Blumenkohl ohne Strunk, in kleine Röschen geteilt ■ 1 Stange Lauch in dünne Scheiben geschnitten ■ 3 l Gemüsebrühe ■ 1 Zitrone, den ausgepressten Saft ■ Salz und weißer Pfeffer aus der Mühle ■ 1½ kg helles Fischfilet (Dorsch, Kabeljau, Forelle) frisch oder tiefgekühlt, in mundgerechte Stücke geschnitten

Zubereitung

1 Das Rapsöl im Kessel erhitzen und die Zwiebeln darin glasig dünsten. Brokkoli, Blumenkohl und Lauch dazugeben und kurz mitbraten. Die Gemüsebrühe zugießen und das Ganze aufkochen lassen.

2 Mit Zitronensaft, Salz und Pfeffer würzen, dann etwa 15 Minuten garen. Nun die Fischfilets beifügen und bei mittlerer Hitzezufuhr in etwa 10 Minuten gar ziehen lassen. Zum Schluss mit Salz und Pfeffer pikant abschmecken.

Kartoffelgemüse mit Forellenfilets

Zutaten für 6 Portionen

4 EL Rapsöl ▪ 4 Zwiebeln, geschält und klein geschnitten ▪ 1½ kg festkochende Kartoffeln, geschält und gewürfelt ▪ 6 Karotten, geschält und in Scheiben geschnitten ▪ 2 l Gemüsebrühe ▪ 400 g Sahne (2 Becher) 2 Lorbeerblätter ▪ Salz und schwarzer Pfeffer aus der Mühle ▪ 6 Forellen, Filets davon in mundgerechte Stücke geschnitten ▪ 2 EL geriebener Meerrettich (Glas) ▪ 1 Handvoll Petersilie, klein geschnitten

Zubereitung

1 Im Kessel das Rapsöl erhitzen und die Zwiebeln darin glasig andünsten. Kartoffeln und Karotten dazugeben und mit Gemüsebrühe und Sahne auffüllen.

2 Die Lorbeerblätter hinzufügen und mit Salz und Pfeffer würzen. Die Hitzezufuhr drosseln und die Forellenfilets beigeben, unterheben und darin in etwa 10 Minuten gar ziehen lassen.

3 Zum Schluss das Gericht mit Meerrettich und Petersilie würzen und mit Salz und Pfeffer pikant abschmecken.

Reisgemüse mit Lachs

Zutaten für 6 Portionen

4 EL Rapsöl ■ 4 Zwiebeln, geschält und klein geschnitten ■ 4 Stangen Lauch in dünne Scheiben geschnitten ■ 6 Karotten, geschält und in Würfel geschnitten ■ 600 g Reis ■ 3 l Gemüsebrühe ■ 100 g Butter Salz und weißer Pfeffer aus der Mühle ■ 1,5 kg Lachsfilet, frisch oder tiefgekühlt, in mundgerechte Stücke geschnitten ■ 1 Handvoll Petersilie, klein geschnitten

Zubereitung

1 Das Rapsöl im Kessel erwärmen, dann die Zwiebeln und den Lauch darin leicht glasig andünsten. Die Karotten daruntermischen und mitbraten.

2 Als Nächstes den Reis unterrühren und gleich mit der Gemüsebrühe aufgießen. Die Butter zufügen und das Ganze etwa 15 Minuten kochen lassen, dabei ab und zu umrühren.

3 Nun die Hitzezufuhr drosseln, mit Salz und Pfeffer würzen. Den Lachs mit einem Kochlöffel vorsichtig unterheben und das Ganze in etwa 15 Minuten fertig garen, bis der Reis weich ist.

4 Zum Schluss die Petersilie unterrühren und mit Salz und Pfeffer abschmecken.

Fischfilet mit Paprikagemüse

Zutaten für 6 Portionen

2 EL Rapsöl ■ 4 Zwiebeln, geschält und klein geschnitten ■ 8 gelbe Paprikaschoten, geputzt, entkernt und gewürfelt ■ 1 kg Champignons, geputzt, geviertelt ■ 2 l Gemüsebrühe ■ 1 EL Kümmel, gemahlen
2 EL Majoran, getrocknet ■ Salz und schwarzer Pfeffer Pfeffer aus der Mühle ■ 400 g Sahne (2 Becher) ■ 1½ kg Fischfilet (zum Beispiel Kabeljau, Lachs), frisch oder tiefgekühlt, in mundgerechte Stücke geschnitten
Petersilie, klein geschnitten

Zubereitung

1. Einen Kessel erhitzen und das Rapsöl darin erwärmen. Die Zwiebeln dazugeben und glasig andünsten. Die gelben Paprikaschoten und die Champignons beimischen und mit der Gemüsebrühe auffüllen.

2. Mit Kümmel, Majoran, Salz und Pfeffer würzen, die Sahne hinzufügen, aufkochen lassen und das Ganze bei mittlerer Hitze etwa 10 Minuten garen lassen.

3. Die Hitze drosseln, das Paprikagemüse gut durchrühren und das Fischfilet unterheben. Bei geringer Hitze den Fisch in etwa 10 Minuten gar ziehen lassen.

4. Zum Schluss die Petersilie in das Paprikagemüse geben und mit Salz und Pfeffer deftig abschmecken.

Pangasius mit Kartoffelgemüse

Zutaten für 6 Portionen

4 EL Sonnenblumenöl ■ 2 Stangen Lauch in Scheiben geschnitten
6 Karotten, geschält und in Scheiben geschnitten ■ 3 Petersilienwurzeln, geschält und in Scheiben geschnitten ■ 3 l Gemüsebrühe ■ Salz und weißer Pfeffer aus der Mühle ■ 1½ kg festkochende Kartoffeln, geschält und in Stücke geschnitten ■ 400 g Sahne (2 Becher) ■ 1½ kg Pangasiusfilet, frisch oder tiefgekühlt, in mundgerechte Stücke geschnitten
1 Bund Schnittlauch, in Röllchen geschnitten

Zubereitung

1 Das Sonnenblumenöl im Kessel erwärmen, dann Lauch, Karotten und Petersilienwurzeln leicht darin anbraten. Mit der Gemüsebrühe aufgießen sowie mit Salz und Pfeffer würzen.

2 Die Kartoffelstücke beifügen und das Ganze etwa 15 Minuten kochen lassen. Sahne dazugeben, die Hitzezufuhr drosseln und das Pangasiusfilet vorsichtig unterheben.

3 Das Kartoffelgemüse mit dem Fisch in etwa 15 Minuten fertig garen. Als Nächstes mit Salz und Pfeffer deftig abschmecken und mit den Schnittlauchröllchen verfeinern.

Paprikagemüse mit Lachs

Zutaten für 6 Portionen

4 EL Rapsöl ■ 4 Zwiebeln, geschält und klein geschnitten ■ 3 Knoblauchzehen, abgezogen und klein gehackt ■ 2 Stangen Lauch in dünne Scheiben geschnitten ■ 8 Paprikaschoten (rot, gelb), geputzt, entkernt und gewürfelt ■ 2 l Gemüsebrühe ■ Salz und schwarzer Pfeffer aus der Mühle ■ 1½ kg Lachsfilet, frisch oder tiefgekühlt, in mundgerechte Stücke geschnitten ■ 1 Zitrone, den ausgepressten Saft ■ 1 Handvoll Dill, klein gezupft

---

Zubereitung

1 Im Kessel das Rapsöl erhitzen, dann Knoblauchzehen, Zwiebeln und den Lauch darin glasig andünsten. Die Paprikaschoten dazugeben und mit der Gemüsebrühe auffüllen. Mit Salz und Pfeffer würzen und das Ganze etwa 15 Minuten garen lassen.

2 Nun die Hitzezufuhr drosseln und die Lachsfiletstücke vorsichtig mit einem Kochlöffel unterheben und in etwa 15 Minuten gar ziehen lassen. Mit Zitronensaft und Dill verfeinern und mit Salz und Pfeffer würzig abschmecken.

Chinakohl mit Dorsch

Zutaten für 6 Portionen

4 EL Sonnenblumenöl ■ 3 Zwiebeln, geschält und klein geschnitten
2 rote Paprikaschoten, geputzt, entkernt und gewürfelt ■ 1½ kg Chinakohl, geputzt und in Streifen geschnitten ■ 500 g Shiitake-Pilze, in Streifen geschnitten ■ 2 l Gemüsebrühe ■ Salz und schwarzer Pfeffer aus der Mühle ■ 1½ kg Dorschfilet, frisch oder tiefgekühlt, in mundgerechte Stücke geschnitten ■ 1 EL Zitronensaft ■ 4 EL Sojasauce ■ ½ TL Kurkuma
2 TL geriebener Meerrettich (frisch oder aus dem Glas)

Zubereitung

1 Das Sonnenblumenöl in einem Kessel erhitzen und darin die Zwiebeln glasig andünsten. Die Paprikaschoten, den Chinakohl und die Shiitake-Pilze dazugeben.

2 Mit der Gemüsebrühe auffüllen, dann mit Salz und Pfeffer würzen und 10 Minuten bei mittlerer Hitze köcheln lassen. Die Dorschfilets hinzufügen und in weiteren 15 Minuten gar ziehen lassen.

3 Zum Schluss mit Zitronensaft, Sojasauce, Kurkuma und geriebenem Meerrettich würzen sowie mit Salz und Pfeffer pikant abschmecken.

Tomaten-Fischeintopf

Zutaten für 6 Portionen

4 EL Rapsöl ▪ 4 Zwiebeln, geschält und klein geschnitten ▪ 2 Knoblauchzehen, abgezogen und klein gehackt ▪ 2 Staudensellerie, geputzt und klein geschnitten ▪ 12 Tomaten, Stielansatz entfernt und klein geschnitten ▪ 3 rote Paprikaschoten, geputzt, entkernt und gewürfelt
1½ kg festkochende Kartoffeln, geschält und klein geschnitten
3 l Gemüsebrühe ▪ 2 Lorbeerblätter ▪ 1½ kg Fischfilet (zum Beispiel Zander, Pangasius, Lachs), frisch oder tiefgekühlt, in mundgerechte Stücke geschnitten ▪ Salz und schwarzer Pfeffer aus der Mühle
1 Handvoll Basilikumblätter, klein gezupft

Zubereitung

1 Das Rapsöl im Kessel erhitzen und darin die Knoblauchzehen und Zwiebeln glasig andünsten. Staudensellerie, klein geschnittene Tomaten, Paprikaschoten und die Kartoffeln dazugeben.

2 Mit der Gemüsebrühe aufgießen, die Lorbeerblätter hinzufügen und mit Salz und Pfeffer würzen. 15 Minuten köcheln lassen.

3 Die Hitzezufuhr drosseln und die Fischfilets dazutun. Bei mittlerer Hitze den Kesseleintopf in 10–15 Minuten gar ziehen lassen.

4 Zum Schluss mit Salz und Pfeffer deftig abschmecken und mit den Basilikumblättern verfeinern.

Fischgulasch aus dem Kessel

Zutaten für 6 Portionen

4 EL Sonnenblumenöl ▪ 3 Zwiebeln, klein geschnitten ▪ 2 Knoblauchzehen, abgezogen und klein gehackt ▪ 4 EL Tomatenmark ▪ 2 EL Paprikapulver edelsüß ▪ 2 Lorbeerblätter ▪ 6 Karotten, geschält und in Scheiben geschnitten ▪ 4 rote Paprikaschoten, geputzt, entkernt und gewürfelt
3 l Gemüsebrühe ▪ 1½ kg festkochende Kartoffeln, in Würfel geschnitten ▪ Salz und weißer Pfeffer Pfeffer aus der Mühle ▪ 1 kg Fischfilet (zum Beispiel Seelachs, Schellfisch, Lachs), in mundgerechte Stücke geschnitten ▪ 500 g King-Prawns, küchenfertig, in Stücke geschnitten
Petersilie, klein geschnitten

Zubereitung

1 Das Sonnenblumenöl im Kessel erhitzen, Zwiebeln und Knoblauch darin andünsten. Tomatenmark dazugeben und leicht mitbraten.

2 Das Paprikapulver darüberstreuen, die Lorbeerblätter beifügen und unterrühren. Karotten und Paprikawürfel untermischen. Mit der Gemüsebrühe aufgießen und das Ganze aufkochen lassen.

3 Die Kartoffelwürfel dazugeben und mit Salz und Pfeffer würzen. 15 Minuten köcheln lassen. Dabei ab und zu umrühren.

4 Fischfilet und King-Prawns hinzufügen und weitere 15 Minuten garen lassen. Petersilie untermischen und mit Salz und Pfeffer würzig abschmecken.

Geflügelgerichte

Mit Geflügel können Sie eine Vielzahl von Gerichten aus dem Eintopfofen zubereiten. Es schmeckt nicht nur gut und ist gesund, sondern eignet sich auch für fast jede Gelegenheit. Für schnelle Gerichte sind Huhn und Pute dank ihrer kurzen Garzeit günstig, wenn es länger dauern darf, bieten sich besondere Kesselgerichte mit Ente oder Gans an. Tauschen Sie die Geflügelfleischsorte einfach aus.

Gartengemüse mit Putenbrust

Zutaten für 6 Portionen

4 EL Sonnenblumenöl ▪ 2 Zwiebeln, geschält und klein geschnitten 2 Knoblauchzehen, abgezogen und klein gehackt ▪ 4 Karotten, geschält und in Scheiben geschnitten ▪ 3 Kohlrabi, geschält, geviertelt und in Scheibchen geschnitten ▪ 2 Zucchini, geputzt und in Scheiben geschnitten ▪ 500 g grüne Bohnen, geputzt und in Stücke geschnitten 1 kg Kartoffeln, geschält und in mundgerechte Stücke geschnitten 4 EL Tomatenmark ▪ 3 l Gemüsebrühe ▪ 1½ kg Putenbrust ohne Haut, in Würfel geschnitten ▪ 1 EL Majoran, getrocknet ▪ ½ EL Thymian, getrocknet ▪ Salz und schwarzer Pfeffer aus der Mühle ▪ 1 Handvoll Petersilie, klein geschnitten

Zubereitung

1 Das Sonnenblumenöl im Kessel erhitzen, dann die Zwiebeln und die Knoblauchzehen darin glasig andünsten. Karotten, Kohlrabi, Zucchini und grüne Bohnen dazugeben und mit anbraten.

2 Kartoffeln und grüne Bohnen zufügen und das Tomatenmark unterrühren. Mit der Gemüsebrühe auffüllen. Die Putenbrust hinzugeben und mit Majoran, Thymian, Salz und Pfeffer würzen.

3 Den Puten-Kessel in etwa 30 Minuten gar kochen. Mit der Petersilie bestreuen und mit Salz und Pfeffer pikant abschmecken.

Kesselfrikassee vom Huhn

Zutaten für 6 Portionen

100 g Butter ■ 3 Zwiebeln, geschält und klein geschnitten ■ 1 Tasse Mehl ■ 400 g kalte Sahne (2 Becher) ■ 2 l Gemüsebrühe ■ 2 Stängel Liebstöckel, klein geschnittene Blätter ■ 1 TL Zucker ■ 1 EL Zitronensaft Muskatnuss, frisch gerieben ■ Salz und weißer Pfeffer aus der Mühle 1 kg Hähnchenbrust, in Würfel geschnitten ■ 500 g Champignons, geputzt und geviertelt ■ 500 g weißer Spargel, geschält und in Stücke geschnitten ■ 100 g Erbsen, frisch oder tiefgekühlt ■ Petersilie, klein geschnitten

Zubereitung

1 Den Kessel erwärmen und die Butter darin zerlassen. Die Zwiebeln dazugeben und glasig anbraten. Dann das Mehl dazustreuen und das Ganze mit einem Schneebesen verrühren.

2 Unter ständigem Rühren mit der Sahne und der Gemüsebrühe aufgießen und die Soße aufkochen lassen.

3 Mit Liebstöckel, Zucker, Zitronensaft, Muskatnuss, Salz und Pfeffer kräftig würzen. Hähnchenbrust, Champignons, Spargel und Erbsen dazugeben, unterrühren und das Ganze in 25–30 Minuten garen. Dabei ab und zu umrühren.

4 Zum Schluss das Kesselfrikassee mit Salz und Pfeffer würzig abschmecken. Mit der Petersilie bestreuen und unterrühren.

Hühnchenkessel mit Mango

Zutaten für 6 Portionen

4 EL Rapsöl ■ 4 Zwiebeln, geschält und klein geschnitten ■ 1 kg Hähnchenbrustfilet, in 2 cm große Stücke geschnitten ■ 400 g Sahne (2 Becher) ■ 2 l Gemüsebrühe ■ 1 kg grüner Spargel, geputzt und in Stücke geschnitten ■ 1 Mango, geschält, entkernt und klein gewürfelt ■ 1 rote Paprikaschote, geputzt, entkernt und gewürfelt ■ 2 EL Currypulver
1 TL frisch geriebener Ingwer ■ Salz und weißer Pfeffer aus der Mühle
2 Stängel Liebstöckel, klein geschnittene Blätter

Zubereitung

1 Das Rapsöl in einem Kessel erhitzen und darin die Zwiebeln glasig andünsten. Die Hähnchenbrust dazugeben und unter Wenden kurz anbraten.

2 Mit der Sahne und der Gemüsebrühe aufgießen und das Ganze aufkochen lassen. Den grünen Spargel, die Mangowürfel und die Paprikaschoten hinzufügen.

3 Mit Currypulver und geriebenem Ingwer, Salz und Pfeffer würzen und in 20 Minuten gar kochen lassen. Zum Schluss mit Liebstöckel verfeinern und mit Salz und Pfeffer deftig abschmecken.

Paprikapilze mit Hähnchenbrust

Zutaten für 6 Portionen

4 EL Rapsöl ■ 2 Zwiebeln, geschält und klein geschnitten ■ 2 Knoblauchzehen, abgezogen und klein gehackt ■ 6 rote Paprikaschoten, geputzt, entkernt und gewürfelt ■ 800 g Champignons, geputzt und geviertelt 250 g Pfifferlinge, geputzt und halbiert ■ 4 Tomaten, Stielansatz entfernt und klein geschnitten ■ 3 l Gemüsebrühe ■ 1 kg Hähnchenbrustfilet, in 2 cm große Stücke geschnitten ■ 3 EL Paprikapulver (edelsüß oder scharf) ■ Cayennepfeffer nach Belieben ■ 1 EL Zucker ■ Salz und weißer Pfeffer aus der Mühle ■ 1 Bund Majoran, Blättchen abgezupft

Zubereitung

1 Das Rapsöl im Kessel erhitzen und darin Zwiebeln und Knoblauch glasig andünsten. Paprikaschoten, Champignons, Pfifferlinge und Tomaten hinzufügen und mit anbraten.

2 Mit der Gemüsebrühe auffüllen und das Ganze aufkochen lassen. Die Hähnchenbrust dazugeben und mit Paprikapulver, Cayennepfeffer, Zucker, Salz und Pfeffer würzen.

3 Das Gericht bei mittlerer Hitze etwa 30 Minuten garen. Zum Schluss mit Majoran, Salz und Pfeffer würzig abschmecken.

Buntes Hähnchen-Risotto

Zutaten für 6 Portionen

100 g Butter ■ 2 Zwiebeln, geschält und klein gewürfelt ■ 2 Stangen Lauch in dünne Scheiben geschnitten ■ 6 Karotten, geschält und in Scheiben geschnitten ■ 600 g Risotto-Reis ■ 3 l Gemüsebrühe
1 kg Hähnchenbrust, ohne Haut, in Würfel geschnitten ■ 250 g grüne Erbsen, frisch oder tiefgekühlt ■ 1 Tasse frisch geriebener Parmesan
1 Bund Schnittlauch, in Röllchen geschnitten ■ Salz und schwarzer Pfeffer aus der Mühle

---

Zubereitung

1 Die Butter in einem Kessel zerlassen und darin die Zwiebeln glasig dünsten. Den Lauch, die Karotten und den Reis dazugeben und mit anschwitzen.

2 Mit der Gemüsebrühe aufgießen und das Ganze unter ständigem Rühren bei mittlerer Hitzezufuhr 10 Minuten leicht köcheln lassen. Dann die Hähnchenbrust und die Erbsen hinzufügen.

3 Das Ganze weiterköcheln lassen, bis das Risotto die gewünschte leicht cremige Konsistenz hat. Zum Schluss den Parmesan und den Schnittlauch dazugeben und mit Salz und Pfeffer würzig abschmecken.

Geflügel-Gulasch aus dem Kessel

Zutaten für 6 Portionen

4 EL Rapsöl ■ 4 Zwiebeln, geschält und klein geschnitten ■ 2 Knoblauchzehen, abgezogen und klein gehackt ■ 1½ kg Putenbrust, in mundgerechte Stücke geschnitten ■ 1 kg festkochende Kartoffeln, geschält, in Würfel geschnitten ■ 4 grüne Paprikaschoten, geputzt, entkernt und gewürfelt ■ 2 rote Paprikaschoten, geputzt, entkernt und gewürfelt
4 Karotten, geschält und in Scheiben geschnitten ■ 3 l Gemüsebrühe
4 EL Paprikapulver ■ 1 TL Kümmel, gemahlen ■ 1 TL Majoran, getrocknet
1 TL brauner Rohrzucker ■ Salz und weißer Pfeffer aus der Mühle

Zubereitung

1 Das Rapsöl in einem Kessel erhitzen und darin die Zwiebeln und die Knoblauchzehen glasig andünsten. Die Putenbrust und die Kartoffeln dazugeben und mit anbraten.

2 Die Paprikaschoten und die Karotten hinzufügen und mit der Gemüsebrühe aufgießen. Mit Paprikapulver, Kümmel, Majoran, Rohrzucker, Salz und Pfeffer würzen.

3 Das Gulasch in etwa 30 Minuten gar kochen lassen und dann zum Schluss mit Salz und Pfeffer pikant abschmecken.

Feuriges Kürbisragout mit Huhn

Zutaten für 6 Portionen

4 EL Sonnenblumenöl ▪ 2 Zwiebeln, geschält und klein geschnitten 2 Knoblauchzehen, abgezogen und klein gehackt ▪ 1 kleine rote Peperoni, entkernt und klein geschnitten ▪ 3 rote Paprikaschoten, geputzt, entkernt und gewürfelt ▪ 1½ kg Hokkaidokürbis, geputzt und in Würfel geschnitten ▪ 3 l Gemüsebrühe ▪ 1 kg Hähnchenbrustfilet, in 2 cm große Stücke geschnitten ▪ 1 EL Paprikapulver ▪ Cayennepfeffer nach Belieben ▪ 1 Bund Majoran, Blättchen abgezupft ▪ 2 Stängel Liebstöckel, klein geschnittene Blätter ▪ Salz und weißer Pfeffer aus der Mühle

---

Zubereitung

1 In einem Kessel das Sonnenblumenöl erhitzen und darin die Zwiebeln, die Knoblauchzehen und die Peperoni mit den Paprikaschoten glasig anbraten lassen.

2 Den Hokkaidokürbis zufügen und mit der Gemüsebrühe aufgießen. Die Hähnchenbrust in den Kessel geben und mit Paprikapulver, Cayennepfeffer, Majoran, Liebstöckel, Salz und Pfeffer würzen.

3 Das Ragout mit dem Hähnchen in etwa 30 Minuten fertig garen. Dabei ab und zu umrühren. Zum Schluss mit Salz und Pfeffer deftig abschmecken.

Blumenkohl mit Pute

Zutaten für 6 Portionen

4 EL Rapsöl ▪ 4 EL Butter ▪ 3 Zwiebeln, geschält und klein geschnitten
2 Knoblauchzehen, abgezogen und klein gehackt ▪ 1 kg Blumenkohl, geputzt und in Röschen geteilt ▪ 2 Stangen Lauch in dünne Scheiben geschnitten ▪ 2 Karotten, geschält und in Würfel geschnitten
600 g Naturreis ▪ 3 l Gemüsebrühe ▪ 1½ kg Putenbrust, in mundgerechte Stücke geschnitten ▪ Salz und weißer Pfeffer aus der Mühle
2 Stängel Liebstöckel, klein geschnittene Blätter ▪ 1 Handvoll Petersilie, klein geschnitten

---

Zubereitung

1 Das Rapsöl mit der Butter im Kessel erwärmen und darin die Zwiebeln und den Knoblauch leicht andünsten. Blumenkohlröschen, Lauch und Karotten dazugeben und mitbraten.

2 Den Naturreis unterrühren und gleich mit der Gemüsebrühe aufgießen. Das Ganze etwa 10 Minuten kochen lassen, dabei ab und zu umrühren.

3 Nun die Putenbrust hinzufügen, dann mit Salz und Pfeffer aus der Mühle würzen. Das Ganze unter Rühren etwa 15 Minuten garen, bis der Reis weich ist.

4 Zum Schluss Liebstöckel und Petersilie unterrühren, dann mit Salz und Pfeffer deftig abschmecken.

Scharfe Bohnen mit Huhn

Zutaten für 6 Portionen

250 g getrocknete weiße Bohnen ■ 250 g getrocknete Kidneybohnen 4 EL Rapsöl ■ 2 Zwiebeln, geschält und klein geschnitten ■ 2 Knoblauchzehen, abgezogen und klein gehackt ■ 1 kleine rote Chilischote, entkernt und fein gehackt ■ 2 rote Paprikaschoten, geputzt, entkernt und gewürfelt ■ 4 Tomaten, Stielansatz entfernt und klein geschnitten 1½ kg Putenbrust, in mundgerechte Stücke geschnitten ■ 3 l Gemüsebrühe ■ 1 Bund Majoran, Blättchen abgezupft ■ ½ TL Thymian ½ TL Bohnenkraut ■ Cayennepfeffer nach Belieben ■ Salz und weißer Pfeffer aus der Mühle

Zubereitung

1 Weiße Bohnen und Kidneybohnen jeweils in einer Schüssel über Nacht in der doppelten Menge Wasser einweichen. Am folgenden Tag die Bohnen in einem Sieb abtropfen lassen.

2 Das Rapsöl im Kessel erhitzen und darin Zwiebeln und Knoblauch glasig andünsten. Beide Bohnensorten, Chilischote, Paprikaschoten und Tomaten dazugeben und mit anbraten.

3 Dann die Putenbrust dazugeben, unterrühren und gleich mit der Gemüsebrühe auffüllen. Mit Majoran, Thymian, Bohnenkraut, Cayennepfeffer, Salz und Pfeffer würzen.

4 In 40 Minuten fertig garen. Mit Salz und Pfeffer abschmecken.

Hähnchen-Curry aus dem Kessel

Zutaten für 6 Portionen

2 EL Sonnenblumenöl ■ 2 Zwiebeln, geschält und klein geschnitten 400 g Sahne (2 Becher) ■ 1½ l Gemüsebrühe ■ 1 kg Hähnchenbrustfilets, in mundgerechte Stücke geschnitten ■ 2 gelbe Paprikaschoten, geputzt, entkernt und gewürfelt ■ 1 Ananas, geschält und das Fruchtfleisch klein gewürfelt ■ 1 Tasse kernlose frische Trauben ■ 2 EL Currypulver ■ 1 TL Kurkuma ■ 1 TL frisch geriebener Ingwer ■ 1 TL brauner Rohrzucker ■ Salz und weißer Pfeffer aus der Mühle

---

Zubereitung

1 Den Kessel erhitzen und das Sonnenblumenöl darin erwärmen. Die Zwiebeln dazugeben und glasig andünsten. Mit der Sahne und der Gemüsebrühe auffüllen und aufkochen lassen.

2 Hähnchenfleisch, Paprikaschoten, Ananas und Trauben dazugeben und mit Currypulver, Kurkuma, Ingwer, Rohrzucker, Salz und Pfeffer würzen.

3 Das Ganze in etwa 30 Minuten fertig garen. Dann mit Rohrzucker, Salz und Pfeffer pikant abschmecken.

Fleischgerichte

Kesselgerichte mit Fleisch sind immer sättigend, denn sie enthalten alles, was der Mensch braucht. Daher ist das Gefühl des Sattseins auch anhaltender als bei Gemüsegerichten im Allgemeinen. Fleischgerichte aus der Gulaschkanone mit Gemüse, Pilzen und Kartoffeln sind ein richtiger Hochgenuss, der das Beste der bekannten Hausmannskost bietet. Es sind die Paradegerichte aus dem Eintopfofen.

Chili con Carne aus dem Kessel

Zutaten für 6 Portionen

4 EL Rapsöl ■ 4 Zwiebeln, geschält und klein geschnitten ■ 2 Knoblauchzehen, abgezogen und klein gehackt ■ 1 rote Peperoni, entkernt und klein geschnitten ■ 3 Paprikaschoten (rot, grün) geputzt, entkernt und gewürfelt ■ 1½ kg Hackfleisch (nach Belieben Rind, Schwein oder gemischt) ■ 3 EL Tomatenmark ■ 1 kg passierte Tomaten 500 g Kidneybohnen gegart (2 Dosen) ■ 50 g Blockschokolade, klein gehackt ■ 1½ l Gemüsebrühe ■ 1 TL Kreuzkümmel ■ 1 EL Majoran, getrocknet ■ Cayennepfeffer nach Belieben ■ Chilipulver nach Belieben Salz und weißer Pfeffer aus der Mühle

---

Zubereitung

1 Das Rapsöl in einem Kessel erhitzen und darin Zwiebeln und Knoblauch glasig dünsten. Die Peperoni und die Paprikaschoten dazugeben und mit anschwitzen.

2 Hackfleisch unterrühren und mit anbraten. Das Tomatenmark, die passierten Tomaten mit den Kidneybohnen und der Blockschokolade dazugeben, unterrühren und mit der Gemüsebrühe auffüllen.

3 Mit Kreuzkümmel, Majoran, Cayennepfeffer, Chilipulver, Salz und Pfeffer kräftig würzen. Das Ganze bei mittlerer Hitze etwa 30–40 Minuten köcheln lassen. Mit Salz und Pfeffer abschmecken.

Rindfleisch mit Markklößchen

Zutaten für 6 Portionen

3 l Gemüsebrühe ▪ 1 kg Rindfleisch, in 2 cm große Würfel geschnitten 2 Zwiebeln, geschält und in Streifen geschnitten ▪ 1 Stange Lauch in dünne Scheiben geschnitten ▪ 6 Karotten, geschält und in Scheiben geschnitten ▪ 2 Petersilienwurzeln, geschält und in Scheiben geschnitten ½ Knollensellerie, geschält und in Würfel geschnitten ▪ 2 Lorbeerblätter 1 Bund Majoran, Blättchen abgezupft ▪ 2 Stängel Liebstöckel, klein geschnittene Blätter ▪ 500 g Markklößchen (Fertigprodukt aus dem Kühlregal) ▪ 1 Handvoll Petersilie, klein geschnitten ▪ Salz und weißer Pfeffer aus der Mühle

---

Zubereitung

1 Die Gemüsebrühe im Kessel erhitzen. Rindfleisch, Zwiebeln, Lauch, Karotten, Petersilienwurzeln und Sellerie dazugeben.

2 Mit Lorbeerblättern, Majoran und Liebstöckel würzen und das Ganze bei mittlerer Hitzezufuhr etwa 1 Stunde köcheln lassen, bis das Fleisch gar ist.

3 Dann die Markklößchen zufügen und etwa 10 Minuten erhitzen. Zum Schluss mit Petersilie verfeinern und mit Salz und Pfeffer deftig abschmecken.

Rindergulasch aus dem Kessel

Zutaten für 6 Portionen

4 EL Rapsöl ■ 1½ kg Zwiebeln, geschält und klein geschnitten 2 Knoblauchzehen, abgezogen und klein gehackt ■ 1½ kg Rindfleisch, in kleine Würfel geschnitten ■ 4 EL Tomatenmark ■ 2 TL Paprikapulver edelsüß ■ 3 l Gemüsebrühe ■ 1 TL Majoran ■ 1 TL Thymian 1 TL Kümmel, gemahlen ■ Cayennepfeffer nach Belieben ■ 1 TL brauner Rohrzucker ■ Salz und weißer Pfeffer aus der Mühle

---

Zubereitung

1 Das Rapsöl im Kessel erhitzen und darin Zwiebeln und Knoblauch glasig andünsten. Das Rindfleisch dazugeben und rundherum anbraten.

2 Das Tomatenmark hinzufügen und unter ständigem Rühren mit anbraten. Das Paprikapulver darüberstreuen und mit der Gemüsebrühe auffüllen.

3 Mit Majoran, Thymian, Kümmel, Cayennepfeffer, Rohrzucker, Salz und Pfeffer würzen. Das Gulasch etwa 1–1½ Stunden schmoren. Dabei ab und zu umrühren.

4 Zum Schluss mit Rohrzucker, Salz und Pfeffer pikant abschmecken.

Paprika mit Korianderbällchen

Zutaten für 6 Portionen

4 EL Rapsöl ■ 4 Zwiebeln, klein geschnitten ■ 2 Knoblauchzehen, abgezogen und klein gehackt ■ 9 Paprikaschoten geputzt, entkernt und in mundgerechte Streifen geschnitten ■ 4 Fleischtomaten, klein geschnitten 2 l Gemüsebrühe ■ 1 Zweig Rosmarin, abgezupfte Nadeln ■ 1 Zweig Thymian, abgezupfte Blättchen ■ 1 Zweig Bohnenkraut, abgezupfte Blättchen Salz und weißer Pfeffer Pfeffer aus der Mühle ■ 1 kg Hackfleisch 1 EL Koriandergrün, klein geschnitten ■ 3 Eier ■ 1 Tasse Semmelbrösel 1 Schuss Balsamicoessig ■ 1 TL brauner Rohrzucker

---

Zubereitung

1 Rapsöl im Kessel erhitzen und Zwiebeln und Knoblauch glasig andünsten. Paprika und Fleischtomaten kurz mit anbraten.

2 Gemüsebrühe aufgießen. Mit Rosmarin, Thymian, Bohnenkraut, Salz und Pfeffer würzen und 20 Minuten garen, ab und zu umrühren.

3 In einer Schüssel Hackfleisch, Koriandergrün, Eier und die Semmelbrösel vermengen und mit Salz und Pfeffer kräftig würzen.

4 Kleine Bällchen daraus formen und auf einen Teller legen. Die Bällchen gemeinsam in den Kessel geben und etwa 15 Minuten gut durchgaren. Zum Schluss mit einem Schuss Balsamicoessig, Zucker, Salz und Pfeffer das Paprikagemüse würzig abschmecken.

Gaisburger Marsch aus dem Kessel

Zutaten für 6 Portionen

4 Zwiebeln, geschält und klein geschnitten ▪ 2 Knoblauchzehen, abgezogen und klein gehackt ▪ 4 EL Sonnenblumenöl ▪ 3 l Gemüsebrühe
1,5 kg Rindfleisch, in Würfel geschnitten ▪ 4 Karotten, geschält und in Scheiben geschnitten ▪ 2 Petersilienwurzeln, geschält und in Scheiben geschnitten ▪ ½ Knollensellerie, geschält und in Scheiben geschnitten
1 kg Kartoffeln, geschält und geviertelt ▪ 1 Stange Lauch in dünne Scheiben geschnitten ▪ 2 Lorbeerblätter ▪ 2 Gewürznelken ▪ 3 Wacholderbeeren ▪ Salz und weißer Pfeffer aus der Mühle ▪ 500 g Spätzle, Fertigprodukt aus dem Kühlregal ▪ Frisch geriebene Muskatnuss
1 Handvoll Petersilie, klein geschnitten ▪ 1 Bund Schnittlauch, in Röllchen geschnitten

---

Zubereitung

1 Zwiebeln und Knoblauch in Sonnenblumenöl glasig anschwitzen. Mit der Gemüsebrühe aufgießen und aufkochen lassen.

2 Das in Würfel geschnittene Rindfleisch, Karotten, Petersilienwurzeln, Sellerie, Lauch und Kartoffeln dazugeben. Mit Lorbeerblättern, Gewürznelken, Wacholder, Salz und Pfeffer würzen.

3 1–1½ Stunden köcheln lassen. Dann die Spätzle hinzufügen und mit erhitzen. Wenn das Rindfleisch gar ist, mit Muskatnuss, Petersilie, Schnittlauch, Salz und Pfeffer deftig abschmecken.

Fitschbonnezupp aus dem Kessel

Zutaten für 6 Portionen

3 l Gemüsebrühe ■ 1 Lorbeerblatt ■ 1 TL Pfefferkörner ■ 2 Zwiebeln, geschält und klein geschnitten ■ 2 Knoblauchzehen, abgezogen und klein gehackt ■ 800 g geräucherte dicke Rippe ■ 1 Stange Lauch in dünne Scheiben geschnitten ■ ½ Knollensellerie, geschält und in Scheiben geschnitten ■ 800 g grüne Bohnen, geputzt und klein geschnitten 1 kg Kartoffeln, geschält und geviertelt ■ 2 Stängel Liebstöckel, klein geschnittene Blätter ■ 200 g geräucherter Frühstücksspeck, gewürfelt 200 g geräucherte Mettwurst, gewürfelt ■ 1 Zweig Bohnenkraut, abgezupfte Blättchen ■ 2 Stängel Majoran, abgezupfte Blättchen ■ Salz und weißer Pfeffer aus der Mühle

---

Zubereitung

1 Die Gemüsebrühe im Kessel erhitzen. Lorbeerblatt, Pfefferkörner, Zwiebeln und Knoblauch dazugeben und darin die geräucherte dicke Rippe etwa 1 Stunde kochen.

2 Dann den Lauch, den Sellerie, die Bohnen, die Kartoffeln, den Liebstöckel, den Frühstücksspeck und die geräucherte Mettwurst hinzufügen und in etwa 15–20 Minuten fertig garen.

3 Mit Bohnenkraut und Majoran würzen und zum Schluss mit Salz und Pfeffer deftig abschmecken.

Erbseneintopf mit Eisbein

Zutaten für 6 Portionen

500 g getrocknete grüne Erbsen ▪ 3 l Gemüsebrühe ▪ 2 Zwiebeln, geschält und klein geschnitten ▪ 1 Knoblauchzehe, abgezogen und klein gehackt ▪ 1 Stange Lauch in dünne Scheiben geschnitten ▪ 3 Karotten, geschält und in Scheiben geschnitten ▪ ½ Knollensellerie, geschält und in Scheiben geschnitten ▪ 1 kg Kartoffeln, geschält und geviertelt
2 Stängel Liebstöckel, klein geschnittene Blätter ▪ 2 Stängel Majoran, abgezupfte Blättchen ▪ Salz und weißer Pfeffer aus der Mühle
2 gekochte Eisbeine, ausgelöst und in mundgerechte Stücke geschnitten

---

Zubereitung

1. Die grünen Erbsen in einer Schüssel über Nacht in der doppelten Menge Wasser einweichen. Am folgenden Tag das Einweichwasser wegschütten und die Erbsen in einem Sieb abtropfen lassen.
2. Die Gemüsebrühe in einem Kessel erhitzen. Zwiebeln und Knoblauch hinzufügen und aufkochen lassen. Die Erbsen mit Lauch, Karotten, Sellerie und den Kartoffeln dazugeben.
3. Mit Liebstöckel, Majoran, Salz und Pfeffer würzen und etwa 1 Stunde kochen lassen, dabei ab und zu umrühren.
4. Das gekochte Eisbein dazutun und 20 Minuten mitkochen. Sobald Erbsen und Gemüse weich sind, mit Salz und Pfeffer abschmecken.

Kesselgemüse mit Schweinefilet

Zutaten für 6 Portionen

4 EL Sonnenblumenöl ▪ 4 Zwiebeln, geschält und klein geschnitten 2 Knoblauchzehen, abgezogen und klein gehackt ▪ 1 kg Schweinefilet, in 2 cm dicke Scheiben geschnitten ▪ 4 Karotten, geschält und in Scheiben geschnitten ▪ 2 rote Paprikaschoten, geputzt, entkernt und gewürfelt 1 Stange Lauch in dünne Scheiben geschnitten ▪ 1 kleiner Weißkohl, geputzt und gewürfelt ▪ 1 Handvoll grüne Bohnen, geputzt und zurechtgeschnitten ▪ 3 l Gemüsebrühe ▪ 2 Stängel Liebstöckel, klein geschnittene Blätter ▪ 1 Bund Majoran, Blättchen abgezupft ▪ Muskatnuss, frisch gerieben ▪ 1 Bund Schnittlauch, in Röllchen geschnitten ▪ 1 Handvoll Petersilie, klein geschnitten ▪ Salz und weißer Pfeffer aus der Mühle

---

Zubereitung

1 Sonnenblumenöl im Kessel erhitzen und Zwiebeln und Knoblauch darin glasig andünsten. Schweinefilet dazugeben und von allen Seiten anbraten.

2 Karotten, Paprikaschoten, Lauch, Weißkohl und Bohnen untermischen und mit der Gemüsebrühe aufgießen.

3 Mit Liebstöckel, Majoran, Muskatnuss, Schnittlauchröllchen, Petersilie, Salz und Pfeffer würzen.

4 Das Kesselgemüse mit dem Schweinefilet in etwa 30 Minuten gar kochen. Zum Schluss mit Salz und Pfeffer abschmecken.

Soljanka mit Sauerrahm

Zutaten für 6 Portionen

2 EL Rapsöl ▪ 2 EL Butter ▪ 3 Zwiebeln, geschält und klein geschnitten
1 Stange Lauch in dünne Scheiben geschnitten ▪ 8 Cornichons (oder Essiggurken), in Scheiben geschnitten ▪ 3 EL Tomatenmark ▪ 2 TL Paprikapulver ▪ 3 Tomaten, Stielansatz entfernt und klein geschnitten
1 Lorbeerblatt ▪ 2 l Gemüsebrühe ▪ 250 g Salami, in Würfel geschnitten
6 Paar Wiener Würstchen, in Scheiben geschnitten ▪ Salz und weißer Pfeffer aus der Mühle ▪ 500 g Sauerrahm

---

Zubereitung

1 Den Kessel erhitzen und das Rapsöl mit der Butter darin erwärmen. Die Zwiebeln und den Lauch dazugeben und glasig anbraten.

2 Cornichons und Tomatenmark hinzufügen und kräftig umrühren. Das Paprikapulver darüberstreuen und die Tomaten mit dem Lorbeerblatt unterziehen.

3 Dann mit der Gemüsebrühe auffüllen und Salamiwürfel sowie die Scheiben der Wiener Würstchen beifügen. Mit Salz und Pfeffer würzen.

4 Das Ganze 40–50 Minuten kochen lassen. Zum Schluss mit Salz und Pfeffer würzig abschmecken, das Lorbeerblatt entfernen. Den Sauerrahm zur Soljanka reichen.

Süßsaures Kalbfleisch

Zutaten für 6 Portionen

4 EL Sonnenblumenöl ■ 4 Zwiebeln, in Streifen geschnitten ■ 2 Knoblauchzehen, abgezogen und klein gehackt ■ 1 kg Kalbfleisch (Oberschale), in Würfel geschnitten ■ 2 l Gemüsebrühe ■ 2 Stängel Liebstöckel, klein geschnittene Blätter ■ 2 rote Paprikaschoten, geputzt, entkernt und gewürfelt ■ 4 Karotten, geschält und in Scheiben geschnitten
2 Zucchini, geputzt und in Scheiben geschnitten ■ 1 Chinakohl, in 1 cm dicke Streifen geschnitten ■ 1 kleine Ananas, geschält, Strunk entfernt, in Würfel geschnitten ■ 1 Glas Sojabohnenkeimlinge, in einem Sieb abgetropft ■ 1 Tasse Weißwein ■ 4 EL Sojasauce ■ Salz und weißer Pfeffer aus der Mühle

Zubereitung

1 Im Kessel das Sonnenblumenöl erhitzen und darin die Zwiebeln und die Knoblauchzehen glasig andünsten. Das Kalbfleisch dazugeben und mit der Gemüsebrühe auffüllen.

2 Liebstöckel, Paprikaschoten, Karotten, Zucchini, Chinakohl, Ananaswürfel und Sojabohnenkeimlinge mit dem Weißwein hinzufügen.

3 Mit Sojasauce, Salz und Pfeffer würzen, dann das Ganze in etwa 45 Minuten gar kochen. Zum Schluss mit Salz und Pfeffer würzig abschmecken.

Kesselragout vom Kalb

Zutaten für 6 Portionen

4 EL Rapsöl ■ 4 Zwiebeln, geschält und klein geschnitten
1 EL Tomatenmark ■ 1 Stange Lauch in dünne Scheiben geschnitten
1 kg Kalbsschulter, in mundgerechte Würfel geschnitten ■ 4 EL Mehl
2 l Gemüsebrühe ■ 1 Tasse trockener Rotwein ■ 6 Karotten, geschält und in Scheiben geschnitten ■ 2 Lorbeerblätter ■ 4 Pfefferkörner
4 Wacholderbeeren ■ 200 g Sahne (1 Becher) ■ Salz und weißer Pfeffer aus der Mühle ■ 1 Handvoll Basilikum, klein geschnitten

Zubereitung

1 Das Rapsöl im Kessel erwärmen und darin die Zwiebeln anbraten. Das Tomatenmark beifügen und unterrühren.

2 Den Lauch und das Kalbfleisch dazugeben, mit anbraten und mit dem Mehl bestreuen.

3 Mit der Gemüsebrühe und dem Rotwein aufgießen. Karotten, Lorbeerblätter, Pfefferkörner und Wacholderbeeren hinzufügen und das Ganze etwa 45–50 Minuten kochen lassen.

4 Zum Schluss die Sahne einrühren, aufkochen lassen und mit Salz und Pfeffer deftig abschmecken. Das Basilikum darüberstreuen.

Nudelgerichte

Nudeln sind beim Kochen im Freien im Eintopfofen mehr als eine Beilage, sie werden wie in Italien die Pasta mit leckeren Zutaten schnell zum Hauptgericht. Ihre Garzeit ist abhängig von Sorte und Form, im Allgemeinen kann man mit 10–15 Minuten rechnen. Dabei entscheiden Sie selbst, ob Sie die Nudeln kurz al dente oder länger und damit weicher kochen.

Nudeln mit Lachs und Spitzkohl

Zutaten für 6 Portionen

2 l Gemüsebrühe ▪ 1 Spitzkohl, geputzt und in Rauten geschnitten
2 Stangen Lauch in dünne Scheiben geschnitten ▪ 2 Stängel Liebstöckel, klein geschnittene Blätter ▪ 400 g Sahne (2 Becher) ▪ 600 g Nudeln
1 kg Lachsfilet, frisch oder tiefgekühlt, in mundgerechte Stücke geschnitten ▪ 1 TL Kümmel, gemahlen ▪ Salz und weißer Pfeffer aus der Mühle
1 Handvoll abgezupfter Dill

Zubereitung

1 In einem Kessel die Gemüsebrühe zum Kochen bringen. Spitzkohl, Lauch, Liebstöckel und Sahne dazugeben und aufkochen lassen.

2 Die Nudeln und das Lachsfilet hinzufügen und bei mittlerer Hitze etwa 20 Minuten kochen. Mit gemahlenem Kümmel, Salz und Pfeffer würzen.

3 Sobald die Nudeln gar sind, mit dem Dill verfeinern und mit Salz und Pfeffer abschmecken.

Nudeln mit Shrimps aus dem Kessel

Zutaten für 6 Portionen

4 EL Sonnenblumenöl ■ 2 Zwiebeln, geschält und klein geschnitten
600 g Shrimps, küchenfertig ■ 2 l Gemüsebrühe ■ 600 g Sahne
(3 Becher) ■ 6 Tomaten, Stielansatz entfernt und klein geschnitten
800 g Nudeln ■ 2 Stängel Liebstöckel, klein geschnittene Blätter
1 Handvoll Petersilie, gehackt ■ Salz und weißer Pfeffer aus der Mühle

Zubereitung

1 Das Sonnenblumenöl im Kessel erhitzen und die Zwiebeln mit den Shrimps darin anbraten. Die Gemüsebrühe und die Sahne dazugießen und aufkochen lassen.

2 Die Tomaten und die Nudeln dazugeben. Mit Liebstöckel, Petersilie, Salz und Pfeffer würzen und in etwa 20 Minuten fertig garen. Zum Schluss mit Salz und Pfeffer abschmecken.

Kessel-Bolognese mit Spaghetti

Zutaten für 6 Portionen

4 Zwiebeln, geschält und klein geschnitten ■ 2 Knoblauchzehen, abgezogen und klein gehackt ■ 4 EL Rapsöl ■ 2 Karotten, geschält und in kleine Würfel geschnitten ■ ¼ Sellerieknolle, geschält und in kleine Würfel geschnitten ■ 1 kg Hackfleisch ■ 4 EL Tomatenmark ■ 800 g passierte Tomaten ■ 1 Tasse trockener Rotwein ■ 2 l Gemüsebrühe ■ 1 TL getrockneter Majoran ■ 1 TL getrockneter Thymian ■ 1 TL getrockneter Oregano 800 g Spaghetti ■ 1 TL Zucker ■ Muskatnuss, frisch gerieben ■ 1 Handvoll Petersilie, klein geschnitten ■ Salz und weißer Pfeffer aus der Mühle

Zubereitung

1 Zwiebeln und Knoblauchzehen in Rapsöl glasig andünsten. Karotten, Sellerie und Hackfleisch dazugeben und anbraten.

2 Tomatenmark und passierte Tomaten hinzufügen und unterrühren. Mit Rotwein und Gemüsebrühe auffüllen und aufkochen lassen.

3 Mit Majoran, Thymian, Oregano, Salz und Pfeffer würzen und das Ganze etwa 40 Minuten bei mittlerer Hitze kochen lassen. Dabei ab und zu umrühren.

4 Spaghetti dazugeben, unterrühren und in etwa 15 Minuten bissfest garen. Zum Schluss die Bolognese mit Zucker, geriebener Muskatnuss, Petersilie, Salz und Pfeffer kräftig abschmecken.

Nudeln in pikanter Käsesoße

Zutaten für 6 Portionen

200 g Butter ■ 2 Knoblauchzehen, abgezogen und klein gehackt
1 Tasse Mehl ■ 2 l Milch ■ 500 g geriebener Gouda ■ 800 g Makkaroni
Cayennepfeffer nach Belieben ■ Muskatnuss, frisch gerieben ■ Salz und weißer Pfeffer aus der Mühle ■ 2 Stängel Liebstöckel, klein geschnittene Blätter

Zubereitung

1 In einem Kessel die Butter zerlassen und die Knoblauchzehen dazugeben. Das Mehl beifügen und mit einem Schneebesen verrühren. Dann die Milch hinzugießen und kräftig weiterrühren, bis die Soße etwas eindickt.

2 Den geriebenen Gouda hinzufügen und weiterrühren. Dann die Makkaroni dazutun. Mit Cayennepfeffer, Muskatnuss, Salz und Pfeffer würzen, dann in etwa 15–20 Minuten kochen, bis die Nudeln bissfest sind.

3 Dabei häufig umrühren, damit die Käsesoße nicht ansetzen oder anbrennen kann. Zum Schluss mit Salz und Pfeffer abschmecken.

Schinkennudeln in Rahmsoße

Zutaten für 6 Portionen

4 EL Sonnenblumenöl ■ 4 Zwiebeln, geschält und klein geschnitten 2 Knoblauchzehen, abgezogen und klein gehackt ■ 1 Stange Lauch in dünne Scheiben geschnitten ■ 600 g gekochter Schinken, in Würfel geschnitten ■ 2 l Gemüsebrühe ■ 400 g Sahne (2 Becher) ■ Salz und weißer Pfeffer aus der Mühle ■ 800 g Nudeln ■ 1 Handvoll Petersilie, klein geschnitten ■ 2 Stängel Liebstöckel, klein geschnittene Blätter

Zubereitung

1 In einem Kessel das Sonnenblumenöl erhitzen und darin die Zwiebeln und die Knoblauchzehen glasig andünsten.

2 Den Lauch und die Schinkenwürfel dazugeben und kurz mitbraten lassen. Danach mit der Gemüsebrühe und der Sahne aufgießen und das Ganze aufkochen lassen.

3 Mit Salz und Pfeffer würzen und die Nudeln hinzufügen. In der Soße etwa 15 Minuten bissfest kochen.

4 Zum Schluss mit Petersilie und Liebstöckel bestreuen und mit Salz und Pfeffer deftig abschmecken.

Nudeln mit Pilzen aus dem Kessel

Zutaten für 6 Portionen

4 EL Rapsöl ■ 2 Zwiebeln, geschält und klein geschnitten ■ 1 Knoblauchzehe, abgezogen und klein gehackt ■ 2 EL Tomatenmark
2 EL Paprikapulver edelsüß ■ 2 l Gemüsebrühe ■ 500 g Champignons, geputzt, in Scheiben geschnitten ■ 500 g Austernpilze, geputzt, in Streifen geschnitten ■ 800 g Nudeln ■ Salz und weißer Pfeffer aus der Mühle
1 Tasse geriebener Parmesan ■ 1 Handvoll Basilikumblätter, klein geschnitten

Zubereitung

1 Im Kessel das Rapsöl erhitzen und darin Zwiebeln und Knoblauch glasig dünsten.

2 Das Tomatenmark unterrühren, das Paprikapulver darüberstreuen, mit der Gemüsebrühe auffüllen und aufkochen lassen.

3 Champignons und Austernpilze mit den Nudeln dazugeben. Das Ganze mit Salz und Pfeffer würzen und in etwa 15–20 Minuten fertig garen.

4 Zum Schluss den geriebenen Parmesan und die Basilikumblätter unterrühren und mit Salz und Pfeffer abschmecken.

Tomaten-Nudeln mit Cabanossi

Zutaten für 6 Portionen

4 EL Sonnenblumenöl ▪ 4 Zwiebeln, geschält und klein geschnitten
2 Knoblauchzehen, abgezogen und klein gehackt ▪ 2 l Gemüsebrühe
8 Fleischtomaten, Stielansatz entfernt und klein gewürfelt ▪ 800 g Nudeln
2 Cabanossi, in Scheiben geschnitten ▪ 2 EL Majoran, getrocknet
2 Stängel Liebstöckel, klein geschnittene Blätter ▪ Salz und weißer
Pfeffer aus der Mühle ▪ 1 Handvoll Petersilie, klein geschnitten

Zubereitung

1 Im Kessel das Sonnenblumenöl erhitzen und darin die Zwiebeln und die Knoblauchzehen glasig andünsten. Die Gemüsebrühe dazugießen und aufkochen lassen.

2 Die Fleischtomaten mit den Nudeln und den Cabanossi-Scheiben hinzufügen. Mit Majoran, Liebstöckel, Salz und Pfeffer würzen, dann das Ganze in etwa 20 Minuten fertig garen.

3 Dabei ab und zu umrühren. Zum Schluss die Petersilie darüberstreuen und mit Salz und Pfeffer abschmecken.

Pasta mit Wildlachs aus dem Kessel

Zutaten für 6 Portionen

4 EL Sonnenblumenöl ■ 2 Zwiebeln, geschält und klein geschnitten 1 Stange Lauch in dünne Scheiben geschnitten ■ 4 Fleischtomaten, Stielansatz entfernt und klein geschnitten ■ 2 l Gemüsebrühe 400 g Sahne-Schmelzkäse ■ 800 g Nudeln ■ 800 g Wildlachsfilet, in mundgerechte Stücke geschnitten ■ 2 Stängel Liebstöckel, klein geschnittene Blätter ■ 1 Bund Majoran, Blättchen abgezupft ■ Salz und weißer Pfeffer aus der Mühle ■ 1 Handvoll Basilikumblätter, klein geschnitten

Zubereitung

1 Das Sonnenblumenöl im Kessel erhitzen und darin die Zwiebeln und den Lauch glasig andünsten. Die Fleischtomaten dazugeben und mit anbraten.

2 Mit der Gemüsebrühe aufgießen und das Ganze aufkochen lassen. Dann den Schmelzkäse hineinrühren und die Nudeln sowie den Wildlachs hinzufügen.

3 Mit Liebstöckel, Majoran, Salz und Pfeffer würzen und die Pasta mit dem Fisch in etwa 20 Minuten bissfest garen.

4 Zum Schluss das Basilikum daruntermischen und mit Salz und Pfeffer deftig abschmecken.

Nudeln in pikanter Tomatensoße

Zutaten für 6 Portionen

4 EL Sonnenblumenöl ■ 4 Zwiebeln, geschält und klein geschnitten 2 Knoblauchzehen, abgezogen und klein gehackt ■ 6 EL Tomatenmark 2 l Gemüsebrühe ■ 800 g Nudeln ■ 6 Fleischtomaten, Stielansatz entfernt und klein geschnitten ■ Cayennepfeffer nach Belieben ■ Salz und weißer Pfeffer aus der Mühle ■ 1 TL brauner Rohrzucker ■ 1 Handvoll Petersilie, klein geschnitten

Zubereitung

1 Das Sonnenblumenöl in einem Kessel erhitzen und darin die Zwiebeln und die Knoblauchzehen glasig andünsten. Das Tomatenmark dazugeben und kurz mitbraten.

2 Mit der Gemüsebrühe auffüllen und aufkochen lassen. Die Nudeln und die Fleischtomaten hinzufügen und alles mit Cayennepfeffer, Salz und Pfeffer würzen.

3 Das Ganze in etwa 20 Minuten bissfest garen. Zum Schluss mit Zucker, Salz und Pfeffer abschmecken und die Petersilie darüberstreuen.

Pasta mit Schinken-Rahm-Soße

Zutaten für 6 Portionen

4 EL Rapsöl ■ 2 Zwiebeln, geschält und klein geschnitten ■ 2 Knoblauchzehen, abgezogen und klein gehackt ■ 2 l Gemüsebrühe
400 g Sahne (2 Becher) ■ 200 g Saitlinge, geputzt, in kleine Würfel geschnitten ■ 300 g Schinken, in kleine Würfel geschnitten ■ 800 g Nudeln
1 EL Oregano, getrocknet ■ Salz und weißer Pfeffer aus der Mühle
1 Tasse Parmesan, gerieben ■ 1 Handvoll Basilikumblätter, klein geschnitten ■ 2 Stängel Liebstöckel, klein geschnittene Blätter

---

Zubereitung

1 Das Rapsöl in einem Kessel erwärmen und darin die Zwiebeln und den Knoblauch glasig anschwitzen. Mit der Gemüsebrühe und der Sahne auffüllen und das Ganze aufkochen lassen.

2 Die Saitlinge und den Schinken mit den Nudeln dazugeben. Mit Oregano, Salz und Pfeffer würzen und in etwa 20 Minuten bissfest kochen.

3 Dann den Parmesan unterrühren und mit Basilikum und Liebstöckel verfeinern. Zum Schluss mit Salz und Pfeffer abschmecken.

Süßes und Getränke

Aromatischer Glühwein und Punsch aus dem Eintopfofen sind Klassiker, die fast jeder kennt. Hier finden Sie darüber hinaus süße Hauptgerichte und Desserts mit Reis, Obst und leckeren Beeren oder Früchten. Und natürlich darf an dieser Stelle auch das Kesselrezept für die bekannte Feuerzangenbowle nicht fehlen.

Kesselkompott mit Erdbeeren

Zutaten für 6 Portionen

2 l Wasser ■ 1 Tasse Zucker ■ 1 kg Äpfel, geschält, entkernt und in Spalten geschnitten ■ 1 kg Birnen, geschält, entkernt und in Spalten geschnitten ■ 1 Zimtstange ■ 1 kg Erdbeeren, geputzt und halbiert

Zubereitung

1 Das Wasser im Kessel aufkochen lassen, den Zucker dazugeben und kräftig durchrühren. Die Äpfel und die Birnen sowie die Zimtstange zufügen.

2 Den Kessel von der Feuerstelle nehmen und das Obst in etwa 20 Minuten gar ziehen lassen. Die Zimtstange entfernen und die vorbereiteten Erdbeeren dazugeben.

Milchreis mit Zimt und Zucker

Zutaten für 6 Portionen

3 l Milch ▪ 1 Prise Salz ▪ 1 Tasse Zucker ▪ 750 g Milchreis
1 Tasse Zimtzucker (Zucker und 1 TL Zimtpulver gemischt)

Zubereitung

1 Die Milch mit dem Salz und dem Zucker in einem Kessel aufkochen lassen. Unter Rühren den Milchreis einrieseln lassen.

2 Die Hitze drosseln und den Milchreis etwa 40 Minuten bei mittlerer bis niedriger Hitze quellen lassen. Dabei immer wieder umrühren, damit der Milchreis nicht am Kesselboden anbrennt.

3 Falls der Milchreis doch am Boden ansetzt oder anbrennen sollte, nicht weiterrühren, sondern gleich in eine Schüssel umfüllen. Dann den Kessel reinigen. Kessel mit etwas Wasser erhitzen, den Milchreis wieder zugeben und unter Rühren fertig garen.

4 Zum Schluss den Milchreis in Teller verteilen und den Zimtzucker dazureichen.

Kaiserschmarrn aus dem Kessel

Zutaten für 6 Portionen

10 Eier ■ 1 l Milch ■ 1 Tasse Zucker ■ 500 g Mehl ■ 1 Tasse Rosinen nach Belieben ■ Rapsöl zum Ausbacken ■ 1 Glas Zwetschgenkompott

Zubereitung

1 Die Eier in eine Schüssel füllen, dann die Milch und den Zucker dazugeben und mit einem Schneebesen verrühren.

2 Das Mehl einstreuen und das Ganze zu einem glatten Teig verarbeiten. Den Schmarrn-Teig etwa 20 Minuten quellen lassen.

3 Rapsöl im Kessel bei mittlerer Flamme erhitzen. Je nach Größe des Kessels den Teig (oder die Hälfte, dann zweimal backen) etwa 1 Zentimeter dick in den Kessel füllen und auf der Unterseite goldgelb backen.

4 Anschließend mit einem Pfannenwender vierteln und wenden, dann kreuz und quer in Stücke teilen und solange backen, bis alles goldgelb ist. Anrichten und das Zwetschgenkompott dazureichen.

Pflaumen-Apfelkompott

Zutaten für 6 Portionen

1 l Wasser ■ 1 l Traubensaft, rot ■ 1 Tasse Zucker ■ 1 kg Pflaumen, entkernt und halbiert ■ ½ kg Äpfel, geschält, entkernt und in Spalten geschnitten ■ 1 Zimtstange

Zubereitung

1 Das Wasser und den Traubensaft im Kessel aufkochen lassen, den Zucker dazugeben und kräftig durchrühren. Als Nächstes die Pflaumen, die Äpfel und die Zimtstange hinzufügen.

2 Den Kessel von der Feuerstelle nehmen und das Obst in etwa 25 Minuten gar ziehen lassen. Zum Schluss die Zimtstange entfernen.

Original Kessel-Glühwein

Zutaten für 6 Portionen

2 l trockener Rotwein (zum Beispiel Spätburgunder) ▪ 2 Bio-Orangen, in Scheiben geschnitten ▪ 1 Bio-Zitrone, in Scheiben geschnitten 2 Zimtstangen ▪ 6 Gewürznelken ▪ 6 EL Zucker, Honig oder Agavendicksaft ▪ 4 Kardamomkapseln ▪ 1 Vanilleschote, der Länge nach aufgeschnitten

---

Zubereitung

1 Den Rotwein im Kessel bei geringer Hitze erwärmen, dabei unbedingt darauf achten, dass der Rotwein niemals kocht, denn sonst verdampft der Alkohol.

2 Die Orangen- und Zitronenscheiben mit den Zimtstangen, den Gewürznelken, dem Zucker, dem Honig oder dem Agavendicksaft sowie den Kardamomkapseln und der Vanilleschote dazugeben.

3 Den Glühwein von der Feuerstelle nehmen und das Ganze möglichst eine Stunde ziehen lassen. Dann den Glühwein bei geringer Hitze erwärmen und durch ein Sieb in Tassen oder Becher gießen, sodass die Gewürze aufgefangen werden.

Holunder-Kesselpunsch

Zutaten für 6 Portionen

1 l Holunder Fruchtsaft ▪ 1 l klarer Apfelsaft ▪ 1 Bio-Zitrone, die Schale dünn abgeschält und den Saft ausgepresst ▪ 2 Zimtstangen 4 Gewürznelken ▪ 6 EL Zucker, Honig oder Agavendicksaft

Zubereitung

1. Holunder- und Apfelsaft mit dem Zitronensaft in einen Kessel geben und bei geringer Hitze erwärmen.
2. Die Zitronenschale mit den Zimtstangen, den Gewürznelken, dem Zucker, dem Honig oder dem Agavendicksaft dazugeben und das Ganze etwa 30 Minuten ohne Hitzezufuhr ziehen lassen.
3. Den Holunderpunsch bei geringer Hitze erwärmen und durch ein Sieb in Tassen oder Becher gießen, sodass die Gewürze aufgefangen werden.

Feuerzangenbowle aus dem Kessel

Zutaten für 6 Portionen

2 l trockener Rotwein (zum Beispiel Spätburgunder) ■ ½ l Orangensaft, frisch gepresst oder aus der Flasche ■ 1 Bio-Zitrone, die Schale dünn abgeschält und den Saft ausgepresst ■ 1 Bio-Orange, in Scheiben geschnitten ■ 1 Zimtstange ■ 6 Gewürznelken ■ 4 Sternanise ■ 1 Zuckerhut
½ Flasche (0,35 l) Rum 54 Vol.-%

Zubereitung

1 Den Rotwein mit dem Orangen- und dem Zitronensaft im Kessel bei geringer Hitze erwärmen, dabei unbedingt darauf achten, dass die Mischung niemals kocht, denn sonst verdampft der Alkohol aus dem Rotwein.

2 Die Zitronenschale und die Orangenscheiben mit der Zimtstange, den Gewürznelken und dem Sternanis dazugeben und das Ganze etwa 30 Minuten ziehen lassen.

3 Die Feuerzange mit dem Zuckerhut über den Kessel legen und den Zuckerhut mit etwas Rum beträufeln. Wenig Rum in eine Kelle geben, leicht erwärmen, mit einem langen Streichholz anzünden und brennend über den Zuckerhut gießen.

4 Den übrigen Rum zunächst in die Kelle gießen, dann nach und nach über den brennenden Zuckerhut laufen lassen. Achtung: nie mit der Rumflasche direkt an die offene Flamme gehen! Sobald der Zucker geschmolzen ist, die Feuerzangenbowle kräftig umrühren und durch ein Sieb in Tassen oder Becher gießen.

Zimt-Orangen-Kesselpunsch

Zutaten für 6 Portionen

1 l Orangensaft ■ 1 l Traubensaft, weiß ■ 2 Bio-Orangen, in dünne Scheiben geschnitten ■ 1 Bio-Zitrone, in dünne Scheiben geschnitten 2 Zimtstangen ■ 4 Gewürznelken ■ 6 EL Zucker, Honig oder Agavendicksaft

Zubereitung

1 Den Orangen- und den Traubensaft mit den Orangen- und Zitronenscheiben im Kessel bei geringer Hitze erwärmen. Dabei ab und zu umrühren.

2 Zimtstangen, Gewürznelken, Zucker, Honig oder Agavendicksaft dazugeben und das Ganze etwa 30 Minuten ohne Hitzezufuhr ziehen lassen.

3 Den Zimt-Orangen-Punsch dann bei geringer Hitze erwärmen und durch ein Sieb in Tassen oder Becher gießen, sodass Fruchtscheiben und Gewürze aufgefangen werden.

Kesselpunsch mit Kandis

Zutaten für 6 Portionen

1 l Wasser ▪ 12 Teebeutel Grüner Tee ▪ 1 l trockener Rotwein (zum Beispiel Spätburgunder) ▪ 1 Bio-Orange, in Scheiben geschnitten 2 Zimtstangen ▪ 4 Gewürznelken ▪ 2 Sternanise ▪ Kandis-Sticks zum Süßen

---

Zubereitung

1 Das Wasser im Kessel aufkochen lassen, den Kessel von der Feuerstelle nehmen und die Teebeutel (an einen Kochlöffel gebunden) ins Wasser geben und den Tee zubereiten.

2 Nach etwa 5 Minuten die Teebeutel ausdrücken und entnehmen. Den Rotwein, die Orangenscheiben mit den Zimtstangen, Gewürznelken und dem Sternanis dazugeben und 30 Minuten ziehen lassen.

3 Dann den Kesselpunsch bei geringer Hitze erwärmen und durch ein Sieb in Tassen oder Becher gießen, sodass die Gewürze aufgefangen werden. Die Kandis-Sticks zum Süßen dazureichen.

Kinder-Kesselpunsch

Zutaten für 6 Portionen

1 l Traubensaft, weiß ■ 1 l Birnensaft ■ 3 Gewürznelken
5 Beutel Früchtetee ■ 3 Päckchen Vanillezucker

Zubereitung

1 Trauben- und Birnensaft mit den Gewürznelken in einen Kessel geben und bei geringer Hitze erwärmen. Den Kessel von der Feuerstelle nehmen und die Teebeutel (an einen Kochlöffel gebunden) dazugeben und den Tee zubereiten.

2 Nach etwa 5 Minuten die Teebeutel ausdrücken und entnehmen. Mit Vanillezucker süßen und das Ganze etwa 20 Minuten ziehen lassen.

3 Den Kinderpunsch bei geringer Hitze erwärmen und durch ein Sieb in Tassen oder Becher gießen, sodass die Gewürznelken aufgefangen werden.